Michael Bernays

Zur Entstehungsgeschichte des schlegelschen Shakespeare

Michael Bernays

Zur Entstehungsgeschichte des schlegelschen Shakespeare

ISBN/EAN: 9783743668768

Hergestellt in Europa, USA, Kanada, Australien, Japan

Cover: Foto ©ninafisch / pixelio.de

Weitere Bücher finden Sie auf **www.hansebooks.com**

Zur

Entstehungsgeschichte

des

Schlegelschen Shakespeare.

Habilitations=Schrift

durch welche mit

Zustimmung der philosophischen Facultät der Universität Leipzig

zu seinem

Montag, den 4. November 1872, Mittags 12 Uhr,

zu haltenden

Probe-Vortrag

ergebenst einladet

Dr. Michael Bernays.

Leipzig, S. Hirzel. 1872.

Durch die folgenden Mittheilungen löse ich ein Versprechen, das schon vor mehr als zwei Jahren öffentlich gegeben worden. Die Andeutungen, mit denen ich damals auf die Beschaffenheit und den Inhalt der Hefte hinwies, welche die von Schlegel übersetzten Dramen Shakespeares in des Uebersetzers eigener Handschrift enthalten, mußten die Aufmerksamkeit aller derer wecken, die mit der Erforschung unserer Litteraturgeschichte ein ernstes Studium des englischen Dichters verbinden. Was ich im Folgenden vorlege, ist geeignet, von dem Werthe und Gehalt dieser Manuscripte eine deutlichere Anschauung zu geben. Dieser Werth ist ein zwiefacher: denn die glücklich wieder ans Licht gezogenen Hefte verleihen nicht nur an vielfachen Stellen dem Schlegelschen Texte Ergänzung und Berichtigung, sie verstatten uns auch eine überraschende Einsicht in die allmähliche Entstehungsgeschichte der großen Uebersetzungsarbeit, durch welche die deutsche Litteratur den englischen Dichter für immer als einen ihr Angehörigen gewonnen hat. Wir gewahren, wie der junge Schlegel, noch unsicher in der Anwendung der Mittel, so wie in der Erkenntniß des Zwecks und Zieles seiner Kunst, sich in tastenden Versuchen bewegt, ohne seine ungeübte Kraft auf die einzig richtige Bahn lenken zu können; wir nehmen ferner wahr, wie er diese Unsicherheit überwindet, wie er zu einem klaren Verständniß seiner Aufgabe gelangt und sie mit wachsender Lust und geläutertem Kunstsinn von neuem ergreift, um nun in ihrer glücklichen Lösung die gereifte Meisterschaft zu bewähren. Eine nähere Betrachtung wird uns zugleich in der Entwickelungsgeschichte der Schlegel'schen Arbeit dieselben Einwirkungen erkennen lassen, welche damals in dem großen Ganzen unserer Litteratur bestimmend walteten: die Ausbildung des einzelnen Künstlers wird bedingt, gefördert und beschleunigt durch die Ausbildung, welche unsere gesammte Poesie unter dem mächtigen Antriebe ihrer Führer und Meister empfängt.

Es erscheint zweckmäßig, zuvörderst über die äußere Beschaffen= heit der Handschriften das Nöthige anzumerken, alsbann aus der reichen Fülle des Inhalts dasjenige herauszuheben, was über die Ent= stehung und die allmählich fortschreitende Gestaltung des Schlegel'schen Werkes ein erwünschtes Licht verbreitet; endlich eine bescheidene Auswahl der Ergänzungen und Verbesserungen vorzulegen, welche dem Texte der Uebersetzung durch diese Manuscripte zu Theil werden.

Natürlicher Weise kann mein Absehen nicht auf eine Mittheilung alles dessen, was die Handschriften in sich bergen, gerichtet sein. Die folgenden Blätter bieten nur Proben, welche zum tieferen Studium dieser kostbaren Hefte anreizen mögen. Förderlich aber wird dies Studium für alle sein, die es sich zur würdigen Aufgabe machen, die Uebersetzungskunst, der unsere Litteratur so viel verdankt, in Schlegels Sinne, das heißt mit wissenschaftlicher Strenge und dichterischem Feingefühl, auch ferner zu üben. Diese mögen hier ganz eigentlich bei Schlegel in die Schule gehen; sie mögen sich bei ihm Raths erholen und von ihm Anweisung empfangen über alles, was in dieser Kunst lehrbar und erlernbar ist. Indem sie den Meister im Eifer und Drang der Arbeit erblicken, indem sie beobachten, wie er sich mit willenskräftigem Ernst zu selbständiger Sicherheit empor= ringt und auch, nachdem er diese erlangt hat, bei einzelnen Stellen seines Werkes noch mit angestrengter Mühe bildend und umbildend verweilt, mögen sie eine lebendige Anschauung von den bedenklichsten Schwierigkeiten der Kunst gewinnen und sich zugleich eine umfassende Kenntniß der Mittel aneignen, durch welche es allenfalls gelingen kann, dieser Schwierigkeiten Herr zu werden. Kurz, diese Hand=

schriften sind eben so aufschlußreich und gehaltvoll für den Kritiker, der sein Urtheil schärfen und seine Einsicht erweitern will, wie belehrend und anregend für den Künstler, der seine Kräfte in gedeihlicher Thätigkeit zu entfalten strebt.

Gerechtfertigt ist daher die Wiederholung des schon mehrfach laut gewordenen Wunsches: das Manuscript des Schlegelschen Shakespeare möge bald der Bibliothek einer deutschen Hochschule einverleibt, und so der Wissenschaft erhalten, dem wissenschaftlichen Gebrauche für immer zugänglich bleiben.

I.

Die Handschriften.

Sechzehn Dramen Shakespeares, von Schlegel übertragen, erschienen in den Jahren 1797 bis 1801 in Berlin bei Johann Friedrich Unger.[1] Sie füllten acht Bände; diesen folgte nach Verlauf von neun Jahren die erste Abtheilung eines neunten Bandes, Richard den Dritten enthaltend. Daß dieser erste Druck an vielfachen Fehlern und Mängeln litt, konnte niemanden verborgen bleiben, der eine Vergleichung mit dem englischen Text anzustellen fähig war. Freilich genoß Schlegel unter seinen Freunden den Ruhm eines zuverläſſigen Correctors, und vielfache Aeußerungen, die uns aus dem Kreise der romantischen Schule erhalten sind, bezeugen deutlich genug, daß man dort die Wichtigkeit einer saubern und gewissenhaften Correctur nicht unterschätzte. Aber den Druck seines Shakespeare konnte Schlegel nicht selbst überwachen. Einer rastlosen und vielseitigen litterarischen Thätigkeit hingegeben, lebte er in Jena, während die einzelnen Bände in Berlin rasch nachein-

---

[1] Der erste Band erschien zur Ostermesse 1797; am 22. Mai ward er an Herder, am 25. an Eschenburg gesandt. In der zweiten Hälfte des Mai 1801 ward die Ueberſetzung der drei Theile Heinrichs des Sechsten abgeschlossen; im Beginn des November war der achte Band fertig gedruckt (Schlegel an Tieck 28. Mai und 2. November 1801).

anber aus der Presse hervorgingen. Zwar verweilte er 1798 etwa zwei Sommermonate hindurch in Berlin, zu einer Zeit, da am dritten Bande der Uebersetzung — er enthielt den Sturm und Hamlet — gedruckt ward; aber der rege Verkehr mit dem neugewonnenen Freunde Tieck, die Sorge für das zweite Heft des Athenäums, dessen Erscheinen damals bevorstand, die Theilnahme an einem äußerst lebhaften gesellschaftlichen Treiben — dies alles mag dem Uebersetzer wohl kaum hinlängliche Muße zu einer aufmerksamen Revision des Druckes verstattet haben. Ebenso darf man bezweifeln, daß sein längerer Aufenthalt in Berlin während des Jahres 1801 ihm Anlaß gab, dem siebenten und achten Bande eine Sorgfalt zuzuwenden, die er den früheren hatte entziehen müssen. Tieck bestätigt uns denn auch, daß sein Freund die Correctur des Shakespeare „nicht selbst besorgen konnte". [2]

Nun hätte es allerdings nicht der Hilfe Schlegels, sondern nur einer genauen Durchsicht und eines vergleichenden Blickes auf das Original bedurft, um manche der augenfälligsten Fehler auszumerzen. Es konnte z. B. kein Zweifel darüber bestehen, daß Schlegel den Ausruf Hamlets 1, 5, 92: O all you host of heaven![3] nicht durch: O Herr des Himmels wiedergegeben, sondern Heer des Himmels geschrieben hatte;[4] und mit gleicher Sicherheit durfte man behaupten, daß, wenn Rosenkranz 2, 2, 331 von den Schauspielern sagt: and hither are they coming to offer you service, Schlegel ihn nicht hatte sagen lassen: „sie kommen her, um euch ihre Künste anzubieten." Was man in der letzten ergreifenden

---

[2] Dies Zeugniß findet sich in dem Vorworte zur ersten Gesammtausgabe des Schlegel=Tieckschen Shakespeare (1825) S. V. Tieck verheißt hier zugleich die Ergänzung der Lücken und die Beseitigung der Fehler — ein Versprechen, das er bekanntlich nur sehr unvollständig erfüllt hat.

[3] Ich citire, dem Vorgange des verehrten Alexander Schmidt folgend, nach der von Clark und Wright besorgten Globe Edition, welche bekanntlich den Text der Cambridger Ausgabe bietet.

[4] Wie die Handschrift nun ausweist, hatte Schlegel zuerst geschrieben: O Himmelsheer! O Erde!

Rede Heinrichs des Vierten die Worte Wounding supposed peace 2 K H IV 4, 5, 196) übersetzt durch den Vers: den vorgegebnen Feinden Wunden schlagend, so war es offenbar, daß Schlegels Worte nicht so sinnlos, sondern, dem Texte gemäß, richtig gelautet hatten: „Dem vorgegebnen Frieden Wunden schlagend"; [5]) und ebenso offenbar mußte es jedem Aufmerkenden sein, daß in den Vers 2 K H IV 1, 3, 103: Du, die ihm Staub warfst auf sein nacktes Haupt (Thou, that threw'st dust upon his goodly head — es ist von König Richard dem Zweiten und dessen traurigem Einzug in London die Rede — vergl. K R II 5, 2, 30 But dust was thrown upon his sacred head;) daß in diesen Vers das Wort nacktes sich unerlaubter Weise eingeschlichen; mit einiger Divinationsgabe hätte man wohl den vom Uebersetzer gewählten Ausdruck wackres treffen können. [6])

In diesen und ähnlichen Fällen war also die Säuberung des Textes durch einen von Scharfsinn nicht ganz verlassenen Philologen mit Sicherheit zu vollziehen. Der Text war aber auch mit manchem

---

[5]) In der Handschrift lautete der Vers zuerst: Und dem verstellten Frieden Wunden gab. Die später aufgenommene Lesart ist an den Rand geschrieben.

[6]) Aus der beträchtlichen Masse solcher corrumpirten Stellen mögen noch einige hier vorgelegt werden. Im zweiten Theil Heinrichs des Vierten 2, 1 fand sich das Wort channel (throw the quean in the channel) dreimal hintereinander mit Gasse statt Gosse übersetzt. — In der Rede, mit welcher Heinrich der Fünfte sein Regiment einweiht, las man die widersinnigen Worte: Daß Krieg und Frieden ohne beides auch | Zugleich, bekannt uns und geläufig sei. Shakespeares Text (That war or peace, or both at once 2 K H IV 5, 2, 138) zeigte deutlich, daß Schlegel geschrieben hatte: Daß Krieg und Frieden oder beides auch. — Im Sturm 4, 1, 164 rief Prospero dem Ariel zu: Komm wie ein Wind! Auch ohne die Handschrift vor Augen zu haben, konnte man wissen, daß hier zu lesen sei: wie ein Wink (come with a thought); dies ergab sich schon aus den gleich darauf folgenden Worten Ariels: Thy thougths I cleave to — An beinen Winken häng' ich. — In demselben Drama 5, 172 antwortet Ferdinand der Miranda auf beren scherzenden Vorwurf, er spiele falsch: Nein, theures Leben! | Das thät' ich um die Welt nicht. No, my dear'st love.) In allen Drucken stand zu lesen: „Mein theures Leben". Es begegnet hier also derselbe Fehler, der eine bekannte Stelle in Goethes Werther so schmählich verunziert hat.

andern Schaden behaftet, der dem Auge nicht so offen dalag und dessen Heilung, selbst nachdem er entdeckt worden, nicht so sicher gelingen konnte. Wenn man z. B. für den Vers 2 K H IV 4, 1, 118 Being mounted and both roused in their seats die Worte fand: Im Sattel beide festgezwungen nun, so mußte man wohl glauben, die Uebersetzung sei hier absonderlich mißglückt, und man konnte schwerlich auf die Vermuthung gerathen, daß Schlegel festgeschwungen geschrieben habe.

Die bedeutendsten Schwierigkeiten aber stellten sich der Wiederherstellung des Textes da entgegen, wo es auf Ausfüllung der Lücken ankam, durch welche die meisten Dramen mehr oder minder empfindlich geschädigt wurden. Zwar hat sich hier die Sorgfalt späterer Herausgeber bethätigt; vor allen hat Alexander Schmidt bei seiner in jedem Sinne rühmenswerthen Revision des Schlegelschen Textes auch diesen Theil seiner Aufgabe trefflich gelöst.[7] Aber es möchte kaum möglich sein, diese Uebersetzung zu ergänzen, ohne daß dem feineren Blicke die fremde Hand dabei sichtbar würde, ohne daß sich in Haltung und Ton des Ganzen eine leise Störung bemerklich machte. Denn man weiß es ja, Schlegel hat seinem Shakespeare eine Sprache geliehen, die mit dem Stempel selbständiger Originalität bezeichnet ist; er hat dieser Sprache freie, ungezwungene Bewegung mitzutheilen und sie, mit sicherer Kraft, in edlem künstlerischem Gleichmaß zu halten vermocht; er hat nicht die einzelnen Worte des Dichters, er hat die Dichtung Shakespeares als ein lebendiges Ganze übertragen, und für diese Uebertragung sich einen Kunststil geschaffen,

---

[7] Aber selbst ihm — und wie sollte nicht auch der Sorgsamste während einer so ausgedehnten, die Aufmerksamkeit in steter Spannung erhaltenden Arbeit hie und da zum Uebersehen geringfügiger Einzelheiten verleitet werden! — selbst ihm ist manche Lücke unbemerkt geblieben. In Romeo und Julia ist die Jammerklage der Wärterin am Lager der vermeintlich todten Julia (4, 5, 49) um zwei Verse verkürzt. Heinrichs des Fünften großartiges Selbstgespräch vor dem Entscheidungskampfe ist um einen Vers (4, 1, 253) ärmer geworden, und in den prosaischen Theilen des Sturms, Heinrichs des Fünften und anderer Dramen ist zuweilen ein Wort, zuweilen ein kleiner Satz ausgefallen.

beffen Geheimniß ihm bis auf biefen Tag nur wenige abgelaufcht haben.

Mag es uns daher zur Freude gereichen, daß die meiften der Ergänzungen, beren ber Text bebürftig ift, uns nun von ber Hanb bes Ueberfeßers felbft bargeboten werben.

Die Hanbfchriften, für beren Erhaltung Ebuarb Böding mit ber ihm eigenen gewiffenhaften Sorgfalt bemüht gewefen ift, liefern ben Text folgenber Stüde: — ich zähle biefe auf in ber Reihenfolge, in welcher bie erfte Ausgabe fie bem beutfchen Lefer vorgeführt hat:

Romeo unb Julia, Sommernachtstraum, Julius Cäfar, Was ihr wollt, Sturm, Hamlet, Kaufmann von Venebig, König Johann, Richarb ber Zweite, Erfter unb Zweiter Theil Heinrichs bes Vierten, Heinrich ber Fünfte.

Diefe zwölf Stüde füllen vierzehn Hefte; benn vom Romeo unb bem Sommernachtstraum haben fich, neben bem vollftänbigen Text, auch bie ausführlichen Entwürfe erhalten. Der Text bes Romeo liegt in einer Abfchrift von ber Hanb Caroline Schlegels vor; alle übrigen Hefte zeigen bes Ueberfeßers eigene Hanbfchrift.

Aus ber Reihe ber fiebenzehn von Schlegel übertragenen Dramen fehlen alfo bie Komöbie: „Wie es euch gefällt" unb bie Hiftorien von Heinrich bem Sechften unb Richarb bem Dritten.

Das Manufcript ber Komöbie, beren Ueberfeßung in ben erften Monaten bes Jahres 1799 entftanb, [8] muß fich im Laufe ber Zeit aus bes Ueberfeßers Papieren verloren haben; warum aber Heinrich ber Sechfte fehlt, erklärt uns Schlegel felbft. Auf einem Blatte, welches jeßt bem erften Theile Heinrichs bes Vierten vorgebunben ift, hat er eigenhänbig ben Titel verzeichnet: Erfte Abfchrift von Heinrich IV, 1 u. 2tn Th. u. Heinrich V. Darunter folgt bie Notiz: NB. Von Heinrich VI, 1—3 Th. finb keine erften Abfchriften vorhanben.

---

[8] Dies wirb bezeugt burch ein Billet Friebrich Schlegels an Caroline, bas Waiß mittheilt Caroline 1, 239.

Diese Notiz wird ohne weiteres begreiflich, sobald man sich
vergegenwärtigt, daß Schlegel die verhältnißmäßig leichte Arbeit an
Heinrich dem Sechsten begann, nachdem er einige der schwierigsten
Aufgaben, wie sie Hamlet, Heinrich der Vierte dem Uebersetzer stellen,
mit so außerordentlichem Glück gelöst hatte. In jener trilogischen
Jugenddichtung, besonders im ersten Theile derselben, spricht Shakespeare eine einfache, ebene Sprache; nur hie und da sind die ge-
waltigen Eigenthümlichkeiten seiner Rede wie im Keim angedeutet.
Nachdem sich also Schlegel, wie er selbst gesteht, mit saurer Arbeit
abgemüht hatte, die verschiedenen Töne, die Heinrich der Fünfte in
raschem, buntem Wechsel zu vernehmen gibt, treulich nachzubilden,
konnte er bei dieser dreitheiligen Historie gleichsam ausruhen. Als
er im Herbste 1800 in Bamberg verweilte, trauernd um die eben
hingeschiedene Auguste Böhmer, gewährte ihm, der damals nur in
ununterbrochener Thätigkeit sein Lebenselement finden konnte, Heinrich der Sechste eine Beschäftigung, die ihn von seinem Schmerze
abzog, ohne an seine künstlerische Kraft die strengsten Anforderungen
zu erheben. Leicht flossen die Verse aus der geübten Feder; er
mochte sich rühmen, daß er in sechs Tagen zwei Akte zu Stande
gebracht habe.[9] Mit dem regsamsten Eifer ward dann in Braunschweig die Arbeit fortgeführt;[10] in Berlin erhielt sie ihren Abschluß.
Die Handschrift zeigte ein so sauberes Aussehen, daß Schlegel sie
gleich für den Druck herrichten und die Anfertigung einer Copie
unterlassen konnte.

Was hier von Heinrich dem Sechsten gilt, wird auch für
Richard den Dritten zutreffend sein. Auch dieses Schauspiel, das
aus dem Kreise der Shakespeareschen Jugendpoesie so mächtig heraus-

---

[9] Schlegel an Tieck 14. September 1800.

[10] „Schlegel ist noch da und tief in den Shakespeare hineingerathen", berichtet
Caroline im Januar 1801 aus Braunschweig an Schelling, bei Waitz 2, 23.
Wenn sie kurz hernach erzählt, Schlegel sei mit drei Akten des Shakespeare fertig (S. 25), so wird sich diese Nachricht wohl auf den zweiten Theil der Trilogie
beziehen.

tritt, das noch so viele Merkzeichen der früheren Kunstweise des Dichters an sich trägt und doch schon von dem Geiste, der seine späteren und reifsten Darstellungen belebt, durchdrungen ist, — auch dieses Schauspiel konnte der Uebersetzer mit leichter Hand der deutschen Sprache aneignen. Und als er diese Arbeit vornahm, hatte er ja inzwischen seine nachbildende Kunst an den schwierigen Formen der südlichen Dichtung noch bedeutend gesteigert und vermanigfaltigt. Wir mögen ihm also wohl glauben, daß er zur Ausführung des Ganzen, wie er später erzählte, nur des kurzen Zeitraums von vier Wochen bedurfte; und alles spricht auch hier für die Annahme, daß eine Copie der im April 1809 vollendet vorliegenden Handschrift unnöthig erschien und der Druck nach dem Originalmanuscript veranstaltet ward. [11])

Jene oben mitgetheilte Notiz über die Trilogie von Heinrich dem Sechsten belehrt uns zugleich über die eigentliche Beschaffenheit der erhaltenen Handschriften und gibt den Gesichtspunkt an, unter dem sie zu betrachten sind.

Wir haben in ihnen nicht die für den Druck bestimmten Manuscripte vor uns; Schlegel bezeichnet sie vielmehr als e r s t e A b s c h r i f t e n , und als solche erweisen sie sich auch bei näherer Prüfung.

Sie enthalten weder die ersten Entwürfe, noch bieten sie den, bis in alle Einzelheiten hinein, endgültig festgestellten Text; sie erscheinen vielmehr in der Mitte zwischen dem Entwurf und der zum völligen Abschluß gediehenen Ausführung. Zwischen ihnen und dem Druck wird das verbindende Mittelglied durch eine zweite Ab= schrift gebildet; und diese zweite Abschrift hat offenbar den größten Theil der Fehler und Mängel, von denen der Text bisher heim= gesucht war, verschuldet.

Schon bei flüchtiger Musterung der Manuscripte wird dies Sachverhältniß deutlich und einleuchtend. Nachdem mehr oder minder

---

[11]) Vergleiche Oechelhäusers Bericht im Shakespeare=Jahrbuch 3, 45 und Schlegels Brief an Tieck vom 4. April 1809.

ausführliche Entwürfe vorangegangen, dergleichen uns noch von
Romeo und Julia aufbewahrt sind, stellte Schlegel in dieser ersten
Abschrift das ganze Stück zusammen. Aber so wie es hier erscheint,
konnte es keineswegs unmittelbar in den Druck gegeben werden; denn
nicht nur ist manche dieser Quartseiten mit Correcturen aller Art
so überladen, daß schon eine innige Vertrautheit mit dem Schlegelschen
Text erfordert wird, um deutlich zu erkennen, welche von den in
Vorschlag gebrachten verschiedenen Ausdrucksformen endlich, als die
treffendste, gewählt worden; sondern zuweilen, wie im Sturm,
Julius Cäsar, Hamlet, vermißt man sogar die nöthigen scenischen
Anweisungen. Blättert man in der Handschrift des Hamlet, so
sucht man vergebens nach dem Reimpaar am Ende des Monologs,
der den zweiten Akt beschließt: es ist offenbar nur nach langen
Uebersetzungsmühen zu Stande gekommen, und erst in die druckfertige
Abschrift ward es eingetragen. Eine noch auffälligere Erscheinung
bietet der erste Akt des Sturms. Hier fehlt, in dem ausgedehnten
Gespräche zwischen Prospero und Miranda, eine sehr beträchtliche
Anzahl von Versen. Und weshalb? — Schlegel hatte diesen ersten
Akt, mit Ausschluß der kurzen Eröffnungsscene, schon 1796 im
sechsten Stück der Schillerschen Horen bekannt gemacht. Aber diese
gleichfalls noch in der Handschrift vorliegende Uebersetzung, die etwa
im ersten Viertel des Jahres 1796 entstanden war, konnte er nicht
mehr gelten lassen, als er sich gegen Ende des Jahres 1797 an-
schickte, das Schauspiel vollständig in den Kreis seiner Arbeiten
aufzunehmen: er mußte sie, nach Maßgabe seiner erweiterten Einsichten,
einer sorgfältigen Umbildung unterwerfen, [12] konnte aber manchen

---

[12] Eine genaue Vergleichung dieser beiden, nur durch einen so kurzen Zeit-
raum getrennten Bearbeitungen möchte ich allen empfehlen, die, auch ohne Hilfe
der Handschriften, in das Innere der Schlegelschen Technik eindringen wollen.
Kein Zweifel, daß manches in der ersten Uebersetzung ein noch unvollkommenes
Ansehen hat; aber ebenso zweifellos ist es, daß diese Unvollkommenheit damals
nur von Schlegel selbst erkannt, daß sein Werk nur von ihm selbst so herrlich
übertroffen werden konnte. Man studire besonders die Verse, in denen Ariel den
von ihm durch Zauberkunst bewirkten Brand des Schiffes beschreibt (I boarded

Vers, der ihm schon früher im ersten Wurf trefflich gelungen war, unverändert beibehalten. Als er nun den ersten Akt in der neuen Form zu Papiere brachte, ersparte er es sich, die aus der ältern Arbeit stammenden Verse noch einmal niederzuschreiben; so daß also der vollständige Text dieses Aktes erst in der zweiten Abschrift erschien.

Diese Beweise genügen für die Behauptung, daß der Druck nicht auf unsere Handschriften gegründet werden konnte. Und noch mehr werden wir in dieser Ueberzeugung bestärkt, wenn wir zu einer genauen, durch alle Hefte gleichmäßig sich erstreckenden Prüfung schreiten. Denn alsdann gelangen wir zu der Wahrnehmung, daß an gar manchen Stellen der Text der Handschriften abweicht von dem, welchen die Ausgaben uns überliefern, und daß die Ausdrucksform, welcher Schlegel nach vielfältigen Ueberlegungen endlich den Vorzug ertheilte, erst in die zweite Abschrift Eingang gefunden hat. Solchen Abweichungen begegnen wir wohl am häufigsten im Julius Cäsar und im Sturm. Es mag der Mühe lohnen, dies Verhältniß an einigen Beispielen darzulegen:

Jul. Caes. 3, 2, 139. Yea, beg a hair of him for memory,
And, dying, mention it within their wills,
Bequeathing it as a rich legacy
Unto their issue.

Handschrift:	Druck:
Ja bäten um ein Haar zum Angedenken, (von ihm zum Denkmal) Und sterbend nennten sie's im Testament, Den Erben als ein köstliches Vermächtniß Es hinterlassend.	Und hinterließen's ihres Leibes Erben Zum köstlichen Vermächtniß.

the king's ship etc). Mit Recht hat Tieck (Kritische Schriften 2, 48) diese leicht beschwingten Verse, die es an wundersamer Beweglichkeit dem Original gleichthun, durch sein Lob ausgezeichnet. Schon in der ersten Form hatte Schlegel hier viel geleistet; aber erst in der Umarbeitung finden sich die eigentlich vollendenden Züge der Künstlerhand.

3, 2, 224. For I have neither writ, nor words, nor worth, [13)
      Action, nor utterance, nor the power of speech.

Ich habe weder Schrift, noch Worte, Würde,	Ich habe weder schriftliches noch Worte,
Gebährde, Vortrag, noch die Macht der Rede,	Noch Würd' und Vortrag, noch die Macht der Rede,

4, 1, 12. This is a slight unmeritable man,
      Meet to be sent on errands:

Dieß ist ein schwacher unbrauchbarer Mensch,	
Den man auf Botschaft senden muß:	Zum Botenlaufen nur geschickt.

4, 3, 87. I do not, till you practise them on me.

Das thu' ich nicht, bis ihr an mir sie übt.	Das thu' ich nicht, bis ihr damit mich quält.

3, 1, 265. Blood and destruction shall be so in use
      And dreadful objects so familiar
      That mothers shall but smile when they behold
      Their infants quarter'd with the hands of war;

Verheerung, Mord wird so zur Sitte werden (Mord und Verheerung wird so Sitte werden) Und schreckenvolle Dinge so gemein,	Und so gemein das Furchtbarste, daß Mütter
Daß Mütter lächeln, wenn sie ihre Kinder Geviertheilt von des Krieges Händen sehn.	Nur lächeln, wenn sie ihre zarten Kinder Geviertheilt von des Krieges Händen sehn. [14)

---

13) Im Anschluß an Johnson und Malone folgt Schlegel hier dem Text der ersten Folio.

14) Eine dritte Lesart, die zwischen den beiden von mir verzeichneten den Uebergang bildet, ist in dem Abdruck des dritten Aktes zu finden, den 1797 das vierte Stück der Horen brachte: „Und so gemein das Furchtbarste, daß Mütter | Nur lächeln werden, wenn sie ihre Kinder u. s. w. — Dieser Druck ist, wie mich eine genaue Vergleichung gelehrt hat, nach einer Abschrift unseres Manuscripts veranstaltet, in welche der größte Theil der Lesarten, welche später in der ersten Ausgabe erschienen, schon eingetragen war. Nur zwei Verse könnten zu der Annahme verleiten, der in den Horen enthaltene Text sei älter und stehe den ersten Entwürfen noch näher als selbst derjenige, den die Handschrift bietet. Es sind die Verse 3, 1, 59: If I could pray to move, prayers would move me,

Am Sturm, dem unvergleichlichen Pracht= und Musterstück der hochromantischen Komödie, hat Schlegel offenbar mit besonderer Lust und Vorliebe gearbeitet. Er konnte sich nicht genug thun in der charakteristischen Ausbildung des Verses, in der Wiedergabe der manigfachen Wendungen des Dialogs. In die zweite Abschrift wurden daher noch zahlreiche kleine Verbesserungen eingeführt, deren volle Bedeutung freilich nur bei zusammenhängender Betrachtung des Ganzen ins Licht tritt: sie dienen alle dem e i n e n Zweck, die Eigenthümlichkeit des Tons, der dies Zauberspiel durchzieht, auch im Deutschen zu wahren, und die zarten und derben Laute, deren Mischung hier eine so wundersam phantastische Wirkung hervor=bringt, in ungestörtem Einklang zu verschmelzen. Einige Beispiele mögen wenigstens andeuten, mit welcher leichten, sichern und glück=lichen Hand diese letzten Aenderungen vorgenommen worden.

1, 2, 210. All but mariners
    Plunged in the foaming brine and quit the vessel,
    Then all afire with me :

| Alle,
(tauchten)
Bis auf das Seevolk, sprangen in die schäum'ge Flut,
Und flohn das Schiff, das ganz in Feuer stand. | Und flohn das Schiff, jetzt Eine Glut durch mich. |

---

und 3, 1, 269: All pity choked with custom of fell deeds. In der Hand=schrift wie in der ersten Ausgabe lauten sie gleichmäßig: „Mich rührten Bitten, bät' ich um zu rühren", und „die Fertigkeit in Gräueln würgt das Mitleib". In den Horen aber lesen wir: „Mich rührten Bitten, könnt' ich bitten, um zu rühren", und „die Fertigkeit in Gräueln wird das Mitleib würgen". Diese ungefügen Zeilen haben ganz das Aussehen eines früheren Versuchs; es ist un=denkbar, daß Schlegel sie gewählt haben sollte, nachdem er jenen Versen schon die uns bekannte schickliche Form gegeben hatte. Ist die Vermuthung zu gewagt, daß der Herausgeber der Horen, um der beliebten Deutlichkeit willen, sich diese Erbreiterung der Verse verstattete? Schiller pflegte auch in solchen Kleinigkeiten den dramatischen Instinkt nicht zu verleugnen; er wußte, und hat es durch seine Praxis bewährt, daß für eine lebensfähige Theatersprache die deutlichste Bestimmt=heit das erste und unerläßlichste aller Erfordernisse ist.

Diese Lesart des ersten Druckes ist von Schlegel in das Manuscript eingetragen, ohne, daß jedoch die frühere gestrichen worden. In folgenden Stellen bringt aber erst der Druck die gültige Lesart:

1, 2, 297. I will be correspondent to command
And do my spiriting gently.

Ich will mich ja Befehlen fügen, Herr,
(Gern, Meister, will ich mich Befehlen fügen)
Mein Spüken zierlich thun.
(artig treiben.)

Und ferner zierlich spülen.

1, 2, 435. Who with mine eyes, never since at ebb, beheld
The king my father wreck'd.

Und sah mit Augen, die seitdem nie ebben,
Den König, meinen Vater, untergehn.

Und sah mit meinen Augen, ohne Ebbe
Seitdem, den König, meinen Vater sinken.

3, 1, 73. I am a fool
To weep at what I am glad of.

Ich bin thöricht,
Zu weinen über das, was mich erfreut.

Zu weinen über etwas, das mich freut.

5, 1, 37. By moonshine do the green sour ringlets make.

Bei Mondenschein die grünen Ringlein macht.

Bei Mondschein grüne saure Ringlein macht.

5, 1, 142. — — of whose (patience) soft grace
For the like loss I have her sovereign aid
And rest myself content.

durch deren
Sanftmüth'ge Huld bei ähnlichem Verlust
(gelinde) (eben dem)
Ich ihren hohen Beistand hatt', und mich
(höchsten) (nun)
Zufrieden gab.
(bin.)

Ich ihres hohen Beistands theilhaft ward,
Und mich zufrieden gab.

Ariels Liedlein (ditty), das von Ferdinands todtem Vater spricht, hatte schon in der früheren Bearbeitung des ersten Aktes eine Gestalt gewonnen, die damals wohl jeden Uebersetzer wie jeden Leser befriedigt hätte. In der späteren Handschrift erscheint es jedoch gänzlich umgearbeitet; aber auch noch in dieser Umarbeitung glaubte der Künstler den Märchen= und Zauberton des Originals verfehlt zu haben. Ariels Lied gehört zu denen, von welchen Schlegel selbst (Horen 1796, 4, 109 vgl. Werke 6, 209) gerühmt hatte, sie seien süße kleine Spiele und ganz Gesang, man höre beim Lesen in Gedanken eine Melodie dazu. Es mußte also eine neue An= strengung gemacht werden, die Melodie, welche die kurzen Zeilen schwebend begleitet, zu erhaschen: der Druck weist daher eine dritte Form auf, die wir aus der Handschrift noch nicht kennen gelernt:

> 1, 2, 396. Full fathom five thy father lies;
> Of his bones are coral made;
> Those are pearls that were his eyes:
> Nothing of him that doth fade
> But doth suffer a sea-change
> Into something rich and strange.
> Sea-nymphs hourly ring his knell:
> Hark! now I hear them, — Ding — dong, bell.

Erste Bearbeitung in den Horen:	Handschrift:
	(Faden)
Tief in Meeresgrund gefallen,	Fünf Klafter tief der Vater dein
Liegt dein Vater wohl bewahrt.	Liegt am Meeresgrund; erstarrt
Sein Gebein wird zu Korallen,	Zu Korall' ist sein Gebein,
Jedes Aug 'ne Perle zart.	Jedes Aug 'ne Perle ward.
Alles wird an ihm erhalten,	Nichts von ihm soll untergehn,
Muß sich köstlich umgestalten.	See=verwandelt, köstlich schön.
Nymphen läuten stündlich ihm	Nymphen läuten Trauer ihm;
Todtenglöcklein: Bim! bim! bim!	Da horch! ihr Glöcklein: Bim, bim, bim.

> Fünf Faden tief liegt Vater dein.
> Sein Gebein wird zu Korallen,
> Perlen sind die Augen sein.
> Nichts an ihm, das soll verfallen,
> Das nicht wandelt Meeres=Hut
> In ein reich und seltnes Gut.
> Nymphen läuten stündlich ihm,
> Da horch! ihr Glöcklein — Bim! bim! bim!

Schlegel ruhte also nicht eher, als bis Vers dem Verse an= gepaßt und das Ganze aus der herkömmlichen deutschen Lied= und Reimweise in den naiv=kindlichen, halb volksmäßigen Ton hinüber=

geleitet war, der in der phantaſtiſchen Welt, welche der Dichter hier
in die Wirklichkeit ruft, allein vernommen werden durfte. Und in
der That war ihm Anlaß gegeben, an dies ſcheinbar ſo leicht hin=
geſungene Lied alle Mühe zu wenden. Tieck hatte in ſeiner Be=
arbeitung des Sturms (1796) dieſe zarten lyriſchen Gebilde durch
freie Umdichtung ins Breite gezogen und ihnen dadurch Reiz und
Wirkung benommen; Schlegel ſprach über dies Verfahren des jugend=
lichen Dichters den einſichtsvollſten Tadel aus.[15] Hier fühlte er
ſich nun verpflichtet, den Grundſatz zu beobachten, den er ſpäter
(Athenäum 3, 334; vgl. Werke 12, 165) für die Kritik der poetiſchen
Ueberſetzungskunſt mit ausdrücklichen Worten feſtſtellte: daß nämlich
der Kritiker ſeinem Tadel gleich den Beweis der Möglichkeit, es
beſſer zu machen, beifügen müſſe. Es war ihm alſo daran gelegen,
ſeinen Vorgänger hier recht augenſcheinlich durch die That zu übertreffen
und dadurch den gefällten Urtheilsſpruch erſt wahrhaft zu bekräftigen.

In den Handſchriften der ſpäter überſetzten Stücke werden die
Abweichungen vom Druck ſeltener; doch ſind ſie noch immer zahl=
reich und bedeutſam genug, um ein unzweideutiges Zeugniß für die
Thatſache zu liefern, daß Schlegel der zweiten Abſchrift des Textes
noch eine ſorgfältige Durchſicht angedeihen ließ. In Hamlets erſter
Anrede an den Geiſt lautet der Vers 1, 4, 47 Why thy canonized
bones, hearsed in death, Warum dein fromm Gebein, im Tode
ruhend (im Druck: verwahrt im Tode); Hamlet ſagt zu
Ophelia 3, 1, 108, daß ihre Tugend kein Geſpräch (no discourse)
mit ihrer Schönheit pflegen muß (im Druck: keinen Verkehr); der
eine Todtengräber nennt den andern 5, 1, 14 „ehrlicher Schaufler“
(goodman delver), (im Druck: Gevatter Schaufler).[16] In der

---

[15] In der allgem. Lit.=Zeit. 1797 No. 78, Werke 12, 17. Wir leſen hier das
treffende Wort: „Die Kürze iſt keine unweſentliche Eigenſchaft an dieſen Liedern:
es ſollen gleichſam nur abgerißne Laute aus der Geiſterwelt zu dem Hörer
hinüber ſchallen.“

[16] Schon Wieland ſetzte hier: Gevatter. Die gleich hernach im Text
beſprochene Stelle giebt Wieland ſo: „Wird hierinn etwas übertrieben, oder auch
zu matt und unter dem wahren Leben gemacht.“

Unterweisung, die Hamlet den Schauspielern ertheilt, waren die Worte Now this overdone or come tardy off (3, 2, 27) so wiedergegeben, wie es in unsern Ausgaben zu lesen steht: „Wird dieß nun übertrieben oder zu schwach vorgestellt"; — die letzten drei Worte aber sind von Schlegel durchstrichen, und er schrieb dafür an den Rand „nicht erreicht"; in der zweiten Abschrift ward also mit richtigem Urtheil die ursprünglich gewählte freiere Uebersetzung wiederhergestellt.

Wenn im Kaufmann von Venedig 2, 9, 61 Porzia jetzt schön und prägnant sagt: „Fehlen und Richten sind getrennte Aemter" (To offend and judge are distinct offices), so heißt es in der Handschrift: „versehn und richten"; und Lorenzo's Vers in dem vom Hauche der Musik durchzogenen fünften Akt And bring your music forth into the air lautet hier noch ungeschickt genug: „Und bringt, was für Musik ihr habt, ins Freie" (im Druck: „und bringt die Musikanten her ins Freie").

In dem mit Recht vielbewunderten Chorus, der dem vierten Akte Heinrichs des Fünften vorangeht und an welchem der Ueber=setzer, zum höchsten Wettkampf mit dem Dichter angespornt, seine Kunst wahrlich nicht gespart hat, lautet der siebente Vers nach dem Manuscript: „Das heimlich Flüstern gegenseit'ger Wacht" (The secret whispers of each other's watch); erst in der zweiten Abschrift ward die Härte beseitigt durch Umstellung der Wörter: „Der gegen=seit'gen Wacht geheimes Flüstern". [17] Wenn im ersten Theil Heinrichs des Vierten (3, 1) Percy von Mortimer und Worcester wegen seines unfreundlich barschen Benehmens gegen Glendower zurecht gewiesen wird, giebt er in der Handschrift die matte, zu der Lebhaftigkeit seines Wesens und Redens schlecht stimmende Antwort: „Ich bin bekehrt" (oder: belehrt? Well, I am school'd); über=

---

[17] Die frühere Lesart verstieß also gegen die von Schlegel selbst in der Recension des Lüttkemüllerschen Ariost eingeschärfte Regel, daß „die Bie=gungssilbe des Adjectiv nach dem bestimmten Artikel nicht wegbleiben dürfe." Werke 11, 385.

aus glücklich ward in der zweiten Abschrift geändert: „Gut, meistert mich." Mit einer gar zu derben Reminiscenz aus der deutschen Volkslitteratur nennt Percy im Manuscript den gehaßten und gering geachteten Prinzen von Wales einen „Finkenritter" (1, 3, 230 And that same sword-and buckler Prince of Wales; jetzt im Druck: „Und jenen Schwadronirer"). In der umfangreichen Scene des zweiten Aktes, in welchem der Prinz und Falstaff ihren Humor gleichsam um die Wette in so großartiger Kühnheit spielen lassen, entwirft Heinrich jene bis ins Groteske verzerrte und doch so natur= wahre Schilderung seines fetten Zechgenossen, welche dieser nur ungern auf sich beziehen will; er giebt sich die Miene, als wisse er nicht, wem die Schilderung gelte: I would your grace would take me with you: whom means your grace? Falstaff braucht hier dieselbe Phrase, deren sich der alte Capulet bedient, wenn er von seiner Frau die für ihn unglaubliche Kunde vernimmt, seine Tochter weigere sich, ihm willfährig zu sein und den Grafen Paris zu ehelichen: Soft! take me with you, take me with you, wife (3, 5, 142). Im Romeo hatte Schlegel diese Worte ganz falsch wiedergegeben: „Sacht, nimm mich mit dir, nimm mich mit dir, Frau" — er hatte diese verfehlte Auffassung sogar noch durch eine scenische Anweisung illustrirt und bekräftigt. [18] Daß einige Jahre hernach ihm in Falstaffs Munde die Phrase gleich vollkommen ver= ständlich klang, darf man billig bezweifeln, wenn man in der Handschrift liest: „Ich wollte, Euer Gnaden ließen mich nach= kommen." [19] Erst der Druck läßt uns erkennen, daß Schlegel endlich

---

[18] In Carolinens Abschrift des Romeo hat Schlegel eigenhändig die Worte eingetragen: „Die Gräfin will gehn." Alexander Schmidt hat hier die noth= wendige Aenderung vorgenommen. — Vgl. Massinger, A very woman 4, 3: Pray you take me with you. In einem anders gewendeten Sinne finde ich die Phrase von Massinger gebraucht in The great duke of Florence 4, 2 und The Maid of Honour 3, 3.

[19] Die oben besprochenen Stellen aus dem ersten Theil Heinrichs des Vierten hat Schlegel auf der letzten Seite der Handschrift angemerkt, gleichsam zum Denkzeichen, daß sie in der zweiten Abschrift eine neue Form erhalten

den vollen Sinn dieser Redensart gefaßt hatte: „Ich wollte, Euer Gnaden machten sich verständlich."

Wozu nun noch weitere Beispiele häufen? Durch die gegebene Darlegung ist das Verhältniß der Handschriften zur ersten Ausgabe unzweifelhaft festgestellt, und genau bestimmt ist das Maß der Bedeutung, die ihnen für die endgültige Gestaltung des Textes zukommt.

Es kann demnach keine Rede davon sein, die in den Handschriften enthaltenen Lesarten, die Schlegel in der zweiten Abschrift mit andern, in der ersten Ausgabe erscheinenden vertauscht hat, in den Text einführen zu wollen. Ueberall da, wo die Abweichung des Druckes von der Handschrift aus einer von Schlegel selbst vorgenommenen Aenderung entsprungen ist, entbehrt die Handschrift dem Drucke gegenüber jeglicher Autorität. [20])

Dahingegen muß den Manuscripten eine unbedingte Geltung zuerkannt werden, wenn sie uns in den Stand setzen, die Lücken, die wir im Texte entdecken, mit Schlegels eigenen Worten auszufüllen; ferner gebührt ihnen dieselbe Geltung natürlich auch da, wo sie für ein, sei es in der zweiten Abschrift, sei es im Druck entstelltes Wort dasjenige bieten, welches sich nach Vergleichung mit dem Original als das richtige ausweist.

Noch ein dritter Fall kann eintreten, in welchem die Handschrift

---

müßten. Neben einigen andern flüchtig hingeschriebenen Worten, die auf den Text des Stückes Bezug haben, finden sich auf jenem Blatte die Sätze: „Hofmeistert nur", „nehmt mich mit euch"; auch der Finkenritter ist angezeichnet.

[20]) Auch da, wo man auf den ersten Blick noch zweifelhaft sein könnte, ob die Verschiedenheit zwischen Manuscript und Druck aus einer von Schlegel selbst vorgenommenen Aenderung abzuleiten ist, wird meist das Original die sichere Entscheidung an die Hand geben. In Hamlets großem Monolog am Schlusse des zweiten Aktes schrieb der Uebersetzer v. 596 „Und kann nichts sagen; nichts für einen König | An dessen Eigenthum und theurem Leben" u. s. w. Findet man nun in der ersten Ausgabe: „Und kann nichts sagen, nicht für einen König" — so möchte man vielleicht der Lesart des Manuscripts, um ihres scheinbar stärkeren Nachdrucks willen, den Vorzug ertheilen. Das Original zeigt aber, daß Schlegel mit gutem Grunde die frühere Lesart geändert hat: And can say nothing; no, not for a king.

nicht nur gegen den Druck, sondern auch gegen Schlegel selbst Recht
behält. Dieser hat bei schwierigen und ebenso oft auch bei sehr
einfach erscheinenden Stellen sich nicht damit begnügt, nur e i n e
Uebersetzung derselben in der ersten Abschrift zu verzeichnen: durch
alle diese Manuscripte hindurch können wir vielmehr verfolgen, wie
er, gleichsam noch in der Ueberlegung begriffen, sich selbst die verschiedenen Versuche, mit denen er dem Grundtext nachzukommen
strebt, zur Wahl vorlegt. Trifft er dann endlich die Entscheidung,
so verfährt er meist mit dem sichersten Tacte, mit fast untrüglichem
Urtheil. Zuweilen indeß hat die allzu bedachtsame Erwägung ihn
von dem schon betretenen richtigen Pfade in die Irre gelenkt; zuweilen bemerken wir, daß er einer zuerst gehegten Auffassung, die
wir nach unserer jetzigen Kenntniß der Shakespeareschen Sprache
für die allein richtige erklären müssen, bei erneuter Ueberlegung
untreu geworden, daß er den zuerst gewählten vollkommen zutreffen-
den Ausdruck hernach mit einem minder genügenden oder ganz und
gar ungenauen vertauscht hat. Ja, einigemale findet sich sogar in
der Handschrift als später verworfene Lesart dasselbe Wort, das
Alexander Schmidt nunmehr mit voller Berechtigung in den von
ihm so musterhaft revidirten Text aufgenommen hat. In solchen
Fällen also, wo über die wahre Auffassung des Dichterwortes auch
nicht der leiseste Zweifel zurückbleiben kann, in solchen Fällen ist
es zulässig, ja nothwendig, aus der Handschrift das Richtige hervor-
zuziehen, und so vor allem dem Dichter, auf den es ja zunächst
ankommt, sein Eigenthum nach Gebühr zurückzuerstatten, dann aber
auch dem Uebersetzer, wenn schon gegen dessen eigenen Einspruch,
zu seinem guten Rechte zu verhelfen.

Ist nun bisher zumeist das Verhältniß erörtert worden, das
zwischen den erhaltenen Manuscripten und dem Drucke der ersten
Ausgabe obwaltet, so legt sich uns von selbst die Frage nahe, wessen
Hand die zweiten Abschriften gefertigt habe, die sich uns als un-
mittelbare Quellen des Druckes erweisen. Eine durchaus genügende
Antwort ist hier nicht zu erlangen. Nur das steht fest, daß Caroline

Schlegel zuweilen die Arbeit der zweiten Abschrift übernahm. Ein Zeugniß dafür besitzen wir in dem durch ihren Fleiß hergestellten Manuscripte des Romeo, dem Schlegel dann noch eine sorgfältige Durchsicht widmete;[21]) ein ferneres Zeugniß liefert ihr an Luise Gotter gerichteter Brief vom 7. September 1797 (Waitz 1, 196). Sie erzählt dort mit behaglicher und gewiß durchaus wohlbegründeter Selbstzufriedenheit, wie unentbehrlich sie dem Freunde Schlegel sei; ein ganzes Shakespearesches Stück habe sie abzuschreiben gehabt, — „das unter die Presse muß, und wo sich kein Fremder in die erste Handschrift finden kann." — Das Stück, das Carolinens Feder im September 1797 beschäftigte, ist offenbar dasselbe, von dem Schlegel am 23. August an Schiller schreibt, er habe noch viel daran zu arbeiten und es müsse nächstens abgehen. Wir können mit Sicherheit den Namen dieses Stückes angeben: es war Was ihr wollt. Das Manuscript dieser Komödie zeigt auf der ersten Seite die von Schlegel selbst eingetragene Bemerkung: Angef. d. 23. Jul. 1797.[22])

Zwei Stücke sind also sicherlich durch Carolinens Hand ge=

---

[21]) Doch auch aus dieser Abschrift kann der Druck nicht unmittelbar hervorgegangen sein, denn es finden sich auch hier einzelne Abweichungen, von denen ich zwei der bedeutendsten anführen will: 3, 1, 61 Marry, go before to field, he'll be your follower — doch stellt euch nur, er läßt euch nicht allein; — im Druck: er wird sich zu euch halten. Aus den Entwürfen zum Romeo sehen wir, daß Schlegel diese letztere Lesart zuerst gewählt, und hernach mit der andern vertauscht hatte; für den Druck stellte er also die zuerst gewählte wieder her. — 3, 1, 77 Alla stoccata carries it away — die Klinge wetzt es aus mit Hieb und Stich; — im Druck: die Kunst des Raufers trägt den Sieg davon. — Das vorliegende Manuscript ward demnach, als ein Musterstück von Carolinens Fleiß, in Jena zurückbehalten; von ihm ward eine andere Copie genommen, welcher man die meisten Gebrechen, an denen der Text des Romeo gelitten, Schuld geben muß.

[22]) Dies Datum dient zur Vervollständigung der Notizen, welche Haym, Romantische Schule 703, über das allmähliche Fortschreiten der Schlegelschen Arbeit zusammengestellt hat. Aus den Handschriften sind noch folgende chronologische Angaben zu schöpfen. Hamlet ward begonnen den 17. Februar (das Jahr 1798 ist gemeint). Das Manuscript vom König Johann zeigt auf dem ersten Blatte die Notiz: Angefangen den 21 May Nachm. (natürlich 1799); auf dem letzten Blatte liest man: geendigt d. 4. Jul. Nachmittags. Das Durchgehen geendigt d. 11 Jul.

gangen. Und wäre es nicht erlaubt, zu muthmaßen, daß sie auch
noch bei anderen Dramen ihrem Gemahl den gleichen Liebesdienst
leistete? Wir wissen ja, mit welcher freudigen Energie sie sich an
den Thaten und Kämpfen der Männer betheiligte, in deren Kreis
sie durch ihr eheliches Verhältniß zu Schlegel versetzt war. Und wie
richtig erkannte sie, tiefer blickend als so manche der Zeitgenossen,
die ganze Bedeutung der Arbeit, durch welche Shakespeare uns zuerst
in seiner dichterischen Eigenthümlichkeit zur Anschauung gebracht
ward! In dieser Leistung Schlegels hat sie immer den festen
Grundstein seines Ruhmes erblickt. Gewiß versagte sie ihm hier
auch ihre fernere Mitwirkung nicht, sollte diese sich auch nur auf
die bescheidene Thätigkeit eines Copisten beschränkt haben.

Aber freilich wird diese Mitwirkung nur für die ersten beiden
Jahre ihres Zusammenlebens anzunehmen sein. Es ist ergetzlich,
wie unsere Handschriften das allmähliche Erkalten der Theilnahme
zwischen den ungleich gepaarten Gatten andeuten. Im Beginn der
Ehe wird der Romeo völlig ausgearbeitet; hier erscheint Caroline
in reger Mitthätigkeit; in den Manuscripten der Stücke, mit denen
Schlegel sich während der Jahre 1797 und 1798 beschäftigte, bleibt
diese Thätigkeit sichtbar, obgleich die weiblichen Schriftzüge sich
immer seltener neben den männlichen zeigen; zum letzten Mal
nehmen wir sie wahr im Manuscript des Kaufmanns von Venedig.
Dies Lustspiel ward, wie ich mit Sicherheit annehmen darf, in den
letzten Monaten des Jahres 1798 übertragen: im October dieses
Jahres aber war Schelling in den Jena'schen Kreis eingetreten.

Können wir nun das Maß der Mitwirkung, die Caroline der
Arbeit ihres Gatten angedeihen ließ, nicht genau bestimmen, so ist
es auch vergeblich, zu untersuchen, inwiefern sie verantwortlich sein
mag für die Verderbnisse, welche etwa durch die zweiten Abschriften
in den Text eingedrungen sind. Daß sie gelegentlich eine Zeile
überhüpfen, auch wohl einen Buchstaben unrichtig setzen konnte, be-
weist, wie ich später zeigen werde, ihre Abschrift des Romeo. Sollten
wir aber auch in ihr die Urheberin noch mancher andern Ver-

fürzungen und Entstellungen vermuthen, so werden wir deshalb doch keine allzu ernste Anklage gegen sie erheben. Auf jeden Fall wären diese Verschuldungen nicht die schwersten, die auf ihrem Andenken lasten.

Wen nun aber auch immer die Verantwortung für die Schäden des Textes treffen mag, Schlegel hat in späteren Jahren nichts gethan, sein Werk von ihnen zu befreien. Er hat niemals wieder aus eigenem Antriebe eine gründliche Durchsicht seiner gesammten Uebersetzung vorgenommen; und als er gegen Ende seines Lebens sich dringend dazu aufgefordert sah, mangelte es an der beharrlichen Neigung, die allein ihn zur Vollführung einer so mühsamen Arbeit stärken konnte. Für die zweite Ausgabe des vollständigen deutschen Shakespeare, die 1838 bis 41 erschien, hatte er, auf den Wunsch des einsichts= vollen Verlegers, eine Revision der von ihm übertragenen Stücke zugesagt. Aber er gab dies Versprechen, ohne den ganzen Umfang der Arbeit, zu welcher er sich damit verpflichtete, ermessen zu können. Er hatte sein Werk seit manchen Jahren aus den Augen verloren; er wußte nicht, — dies bekennt er selbst in den Briefen an seinen Verleger, welche durch die Güte meines verehrungswürdigen Freundes Georg Reimer mir zur Benutzung vorliegen — er wußte nicht, wie vieler Verbesserungen es bedürftig sein möchte. Bei näherer Prüfung fand er sich nun zu so vielfachen Aenderungen genöthigt, daß jedes der drei im ersten Bande der neuen Ausgabe vereinigten Stücke seine volle Arbeitskraft während eines Zeitraumes von anderthalb bis zwei Monaten in Anspruch nahm.[23] Die Lust zur Fortsetzung schwand. Wenn der Verleger freundlich und ernstlich in ihn drang, das Begonnene weiter zu führen, entschuldigte sich der Ermüdete bald mit einer Hinweisung auf sein hohes Alter, bald schützte er

---

[23] Er schreibt an Reimer 30. Novbr. 1839: „Die physische Unmöglichkeit (die Revision binnen Jahresfrist durchzuführen) liegt darin, daß der über= setzten Stücke siebzehn sind, und eine solche Durchsicht eines einzigen wie die bis= herige anderthalb bis zwei Monate erfordert, wenn ich auch mit dem Sh. zu Bett gehe und wieder aufstehe, wie ich es wirklich gethan." (Hdschr.)

andere litterarische Verpflichtungen vor, denen er genügen müßte. Es blieb demnach nichts weiter übrig, als die ersten Ungerschen Abdrücke, die er für die correctesten hielt, der neuen Ausgabe zu Grunde zu legen. Er wollte sich allenfalls dazu verstehen, die Druckfehler der früheren Edition am Rande des für den Setzer bestimmten Exemplares anzuzeichnen. Aber auch dieses scheint unterblieben zu sein. Eine Vergleichung mit seinen Handschriften zu veranlassen oder gar selbst vorzunehmen, kam ihm nicht in den Sinn. Nur darauf war sein Verlangen gerichtet, seine Uebersetzungen „enttieckt" zu sehen, [24] das heißt gereinigt von den Correcturen, mit denen Tieck sie in der ersten Gesammtausgabe bedacht hatte. So wurden denn die Stücke unverändert in ihrer ursprünglichen Gestalt dem Leser wieder dargeboten; nur die Historien von König Johann, Richard dem Zweiten, sammt dem ersten Theil Heinrichs des Vierten konnten die zahlreichen Spuren der sorgsam nachbessernden Künstlerhand aufweisen.

Daß die Revisionsarbeit so bald unterbrochen ward, dürfen wir wohl kaum beklagen. Freilich haben die durchgesehenen Stücke an Leichtigkeit und Geschmeidigkeit des Ausdrucks ersichtlich gewonnen; die Verbesserungen zeugen fast überall für die sichere Gewandtheit

---

[24] Seine geringschätzige Meinung von Tiecks philologischen Fähigkeiten und Leistungen kommt auch in den Briefen an Reimer mehrfach zum Ausdruck. „Tieck kann geschwind fertig seyn:" — schreibt er am 26. Febr. 1840 — „das ist wohlfeil zu haben, da er seinen Ruhm hiebei längst in die Schanze geschlagen hat, und sich auch wohl auf den Stumpfsinn des heutigen deutschen Publicums sowie auf die Höflichkeit seiner Thee-Zuhörer sicher verlassen kann." — Ein späterer Brief aus dem November 1840 enthält die Bemerkung: „Unter Tiecks Veränderungen mag sich einiges gute finden, aber es wäre mühsam es herauszusuchen." — Als charakteristisch für die damaligen Zustände des deutschen Buchhandels mag es gelten, daß Schlegel am 8. December 1842 von Georg Reimer zu erfahren wünscht, ob dieser glaube, daß irgend einmal eine dritte Ausgabe des Schlegel-Tieckschen Shakespeare nöthig werden könne, und nach dem Verhältnisse des bisherigen Absatzes in welchem Zeitpunkte etwa? Er fügt dann eine Betrachtung hinzu, die man als zeitgemäß auch jetzt noch wiederholen kann: „Das deutsche Publicum scheint für den Shakspeare in der That ein Danaiden-Faß zu sein, wo klares Wasser und Spüllicht, gute und schlechte Uebersetzungen gleichermaßen hindurchlaufen." (Hdschr.)

des Meisters, der damals, wie er sich in seiner Weise rühmte, „seit einem halben Jahrhundert, ganz wörtlich zu versiehen, seit genau gezählten fünfzig Jahren" seine Kunst an den Dichtwerken der Germanen, Romanen und Orientalen geübt hatte.[25] Einer solchen glättenden und fein ausgleichenden Umarbeitung schienen auch Richard der Zweite und Heinrich der Vierte vor allen zu bedürfen. In der ursprünglichen Uebersetzung klang hier die Rede zuweilen hart und gezwungen. Wie schwer es ihm ward, in den „verwünschten" Richard hineinzukommen, klagt er in einem Briefe an Tieck (16. August 1799); das Manuscript veranschaulicht uns noch die ganze Mühsal der Arbeit; manche Verse verriethen die Anstrengung, unter der sie entstanden, und bei ihnen war die erneute Arbeit des Uebersetzers wohlangebracht. Den übrigen Stücken jedoch — nur der Romeo ist vielleicht auszunehmen — würde eine nach den

---

[25] Unverändert blieb, wunderlicher Weise, der Vers im Richard 2, 1, 111 Doch, um die Welt! da du dieß Land nur hast (But, for thy world, enjoying but this land). Schon durch Wielands Uebersetzung hätte Schlegel vor diesem Fehler behütet werden können; denn dort hätte er die hernach von Eschenburg beibehaltenen Worte gefunden: „aber da deine ganze Welt in diesem einzigen Lande besteht." — Unterließ er hier eine so nothwendige Verbesserung, so nahm er dagegen manche Aenderung vor, deren er sich besser enthalten hätte. Eine der auffälligsten bleibt die, welche der Vers in King John 1, 188 erfahren hat. Die Worte des Bastards: 'Tis too respective and to sociable | For your conversion lauteten in der ersten Ausgabe ganz schicklich: „Es ist zu aufmerksam und zu gesellig | Für die Verwandlung." Die, wenn ich nicht irre, durch Pope in den Text gekommene Lesart conversing war in Malones Edition, der Schlegel auch hier folgte, durch die richtige der Folio, conversion, beseitigt worden. Ein für seine Aufgabe völlig unbefähigter Recensent des deutschen Shakespeare tadelte die angeblich verfehlte Uebersetzung jenes Verses. Schlegel wies den unbefugten Richter auf das Derbste zurecht, verwarf die falsche Lesart, die dieser allein gekannt hatte, und begründete seine eigene richtige Auffassung (Athenäum 3, 331). Dieser hat sich denn auch Eschenburg in der zweiten Ausgabe (Bd. 6, 1801) angeschlossen. Im Jahre 1838 aber änderte Schlegel den Vers so, als ob er, uneingedenk seiner früheren Darlegung, den corrumpirten Text nun doch für den richtigen hielte: „Es ist zu aufmerksam und zu vertraulich | Für unsern Hofton." Ließ Schlegel sich hier durch den sonst so geschmähten Tieck leiten oder vielmehr verleiten? Denn dieser hatte sich 1825 die ganz verwerfliche Aenderung erlaubt: „Für vornehmes Gespräch wärs viel zu höflich | Viel zu gesellig."

gleichen Principien fortgesetzte Durchsicht keineswegs zum Vortheil
gereicht haben. Gegen Ende seines Lebens war Schlegel in der
Behandlung der Sprache, in der Verwendung ihrer Mittel bedächtiger,
ängstlicher, man möchte sagen zahmer geworden. Manches erregte
ihm Anstoß, was ihm ehemals in frischer Jugendzeit als zulässig
gegolten, ja was er wohl mit Beflissenheit vorgezogen hatte. Er
war nun zuweilen geneigt, dem Wohllaut und der gefälligen Ab=
rundung die scharfe Bestimmtheit des Ausdrucks zum Opfer zu
bringen. So würde er aus seiner Uebersetzung manche wirklichen
oder, anscheinenden Härten entfernt, seine Sprache dem jetzigen Ge=
schmack der großen Lesewelt vielfach annehmlicher gemacht, zugleich
aber auch das nachdrücklich kräftige Dichterwort oft genug abge=
schwächt haben. Fühlen wir uns doch versucht, ja gedrungen, selbst
dem Texte der drei genannten Dramen manche der früheren Lesarten
wiederzugeben, welche sich treuer an den englischen Ausdruck hielten
und die Eigenthümlichkeit desselben, soweit es die Verschiedenheit der
Sprachen gestattet, ungeschmälert ließen.

Treibt uns nun eine berechtigte Neugier zu der Frage, ob
Schlegel bei Durchsicht dieser drei Schauspiele seine Handschriften
zu Rathe gezogen, so darf man mit Zuversicht antworten, daß er
nur den ersten Druck seiner Uebersetzung und den englischen Text
vor Augen gehabt. Indem er beide verglich, ward er auf den Aus=
fall einer auch dem Manuscript fehlenden Zeile in Richard dem
Zweiten aufmerksam, die übrigens schon vorher durch Tieck restituirt
worden (3, 1, 13 Broke the possession of a royal bed). Hätten
ihm aber die Handschriften vorgelegen, so würde er sicherlich nach
ihrer Anweisung auch manche andern, weniger ins Auge fallenden
Lücken ausgefüllt haben. Im Richard fehlt die scenische Bemerkung,
die Schlegel in Malones Ausgabe fand 1, 3: „Schranken und ein
Thron. Herolde u. s. w. umher beschäftigt.“ [26] In Heinrich

---

[26] Einigen Exemplaren des fünften Bandes (1799) ist ein Druckfehlerver=
zeichniß beigefügt, in welchem sich diese Ergänzung schon angegeben findet.

dem Vierten (2, 4, 269), da wo der Prinz und Falstaff sich in genialisch erfundenen Schimpfreden einander überbieten, ist, zur empfindlichen Beeinträchtigung des lebhaft gesteigerten Ausdrucks, den Worten des Prinzen this huge hill of flesh das Adjectiv „riesenmäßige" entzogen worden; und in der gleich darauf folgenden Rede des Falstaff findet sich: „Du Degenfutteral" anstatt der doppelten Benennung: „Du Degenscheide, du Bogenfutteral" — (you sheath, you bow-case).[27]) An diesen Stellen zeigen der erste Druck und die revidirte Ausgabe dieselben Lücken, während die Handschriften den unverkürzten Text dargeboten hätten.

Mit voller Sicherheit darf man also behaupten, daß diese Manuscripte niemals zum Zweck der Textesverbesserung wieder durch= mustert worden, daß sie vielmehr seit dem Beginn des Jahrhunderts gänzlich unbenutzt geblieben sind.

---

[27]) In der Handschrift steht, offenbar durch ein Schreibversehen Schlegels, „Degenschneide". — Uebrigens läßt sich an den beiden oben citirten Stellen deutlich wahrnehmen, wie der Ausfall der Worte veranlaßt ward. Huge hatte Schlegel zuerst durch „entsetzliche" wiedergegeben; er strich es hernach und schrieb „riesenmäßige" an den Rand, wo es vom Abschreiber unbemerkt blieb. In Fal= staffs Rede aber glitt das Auge des Copisten oder des Setzers von der ersten Silbe gen in „Degen" zu der zweiten in „Bogen" hinüber, und demgemäß verschwanden die dazwischen liegenden Wörter. — Den schwermüthigen Betrach= tungen, in denen sich Falstaff 3, 3, 1—10 ergeht, geschieht in der revidirten Ueber= setzung einiger Abbruch; denn dort fehlt der höchst charakteristische Wehruf the inside of a church! — an dem Malone einst ungegründeten Anstoß nahm.

II.

Sommernachtstraum. Romeo und Julia.

1789—96.

Bringt nun auch jedes dieser handschriftlichen Hefte unserer Betrachtung wie unserem Studium einen reichen Stoff entgegen, so sondern sich doch zwei aus der gesammten Reihe ab, welche die Aufmerksamkeit am entschiedensten anlocken und festhalten müssen: es sind diejenigen, welche die Uebersetzung des Sommernachtstraumes in Entwurf und Ausführung enthalten. Schon auf den ersten Blick zeigen sie sich von den andern unterschieden; die Züge der noch jugendlichen, noch nicht zu vollkommener Freiheit und Leichtigkeit entwickelten Schrift deuten auf eine frühere Entstehung, und auch in jedem andern Betracht ist der Zuschnitt des Ganzen auffällig genug.

Zwischen diesen beiden Heften zeigt sich denn auch ein ganz eigenes Verhältniß. In dem älteren (ich werde es im Folgenden mit a bezeichnen) sind uns die ersten Versuche aufbewahrt, mit denen Schlegel noch in seiner Göttinger Studienzeit unter der Anregung Bürgers sich dem englischen Dichter zu nähern wagte. Mit Ausnahme der in Prosa verfaßten Scenen findet sich hier das Lustspiel — die verworren durcheinander gehefteten Blätter erschweren

die Ueberſicht — ſo ziemlich vollſtändig beiſammen.²⁸) Einzelne
Stellen liegen in mehrfachen Bearbeitungen vor, und es läßt ſich
erkennen, in welcher Reihenfolge dieſe entſtanden ſind.

Auf Grundlage dieſer Entwürfe ſtellte Schlegel alsbald das
Luſtſpiel vollſtändig, Vers und Proſa, in zierlicher Abſchrift (b) zu=
ſammen. So ruhte es bis in die Mitte der neunziger Jahre. Als
er um jene Zeit die Jugendarbeit zur Prüfung wieder hervorzog,
fand er in ihr nur weniges, was ſeinem inzwiſchen erhöhten und
geklärten Begriffe von einer kunſtgemäßen Ueberſetzung entſprochen
hätte. Von Grund aus mußte ſie umgebildet werden; eine ganz
neue Kunſtform mußte die Stelle der ehemals beliebten erſetzen;
und dieſe neue Form, dieſelbe, in welcher das Werk hernach ans
Licht trat, corrigirte er — wenn ich ſo ſagen darf — in die frühere
Abſchrift hinein, ſo daß alſo dies Heft auf jeder Seite die ältere
und die ſpätere Geſtalt neben einander erblicken läßt. Und damit
uns in der Entſtehungsgeſchichte dieſes erſten Ueberſetzungsverſuchs
nichts unaufgehellt bleibe, ſind uns in einer Beigabe zu dieſem
Hefte die von Bürger bearbeiteten Stellen in Bürgers eigener Hand=
ſchrift erhalten.

Der Inhalt dieſer zwei Manuſcripte lenkt unſern Blick rück=
wärts auf Schlegels litterariſche Anfänge und vervollſtändigt unſere
Kenntniß derſelben.

Als der neunzehnjährige Schlegel 1786 ſeine Studien in Göt=
tingen begann, waren die feſten Grundzüge ſeines Weſens ſchon
deutlich zu erkennen. Höchſt ſchätzenswerth erſchien an ihm ſchon
damals die nüchterne klare Beſonnenheit, die ihn hernach auf ſeiner

---

²⁸) Der erſte und zweite Akt (16 und 27 Seiten), ſorgfältig geſchrieben und
mit vielen Correcturen verſehen, eröffnen das Heft; dann folgen, außer dem Zu=
ſammenhange, die erſten Entwürfe einzelner Scenen aus Akt 2, 3. 4. 5.
Hierauf erſcheinen, abermals in ſauberer Schrift, größere Abſchnitte aus dem
dritten Akt. Auf der letzten Seite zeigt ſich Drolls Nachrede am Ende des
Stücks, übereinſtimmend mit dem Druck. Mehre Blätter, die noch zu a ge=
hören, ſind der Abſchrift (b) irrthümlich beigebunden; ebenſo iſt ein Blatt aus
den Entwürfen zum vierten Akt in b an der betreffenden Stelle dieſes Aktes, der
Abſchrift gegenüber, unrichtig eingeheftet.

litterarischen Laufbahn nur selten, das sichere Bewußtsein über sein Thun und Wollen, das ihn nie verließ. Ihm blieb sie erspart, jene Zeit des dunkeln Strebens, des ängstlichen, drangvollen Ringens mit sich selbst, durch die sein Bruder Friedrich sich hindurchzuarbeiten hatte. Allem zwecklosen Umherschweifen war seine Natur feind, ein Stillstehen auf dem einmal erwählten Pfade kannte er nicht; eben so wenig beunruhigte ihn die quälende Sehnsucht nach dem, was seinen Kräften unerreichbar bleiben mußte; seine Bestrebungen hielten sich im Umkreis seines Könnens: Reife im Urtheil, Sicher= heit in der Ausübung waren daher ein Erbtheil seiner Natur, in dessen Besitz er schon früh gelangte.

Sobald er sich auf der Universität heimisch gemacht, ward es klar, nach welcher Richtung hin sich seine lebhafte und vielseitige, aber geregelte Thätigkeit entfalten würde. Er zeigte sich als den eifrigen Philologen, der sich an den, vom Alterthum überkommenen Mustern schulte; als den feinen gewandten Kritiker, der die neue Litteratur zu erfassen und in die seiner eigenen Zeit einzugreifen verstand; und endlich als den ausübenden Freund der Poesie, der sich dem selbständigen Schaffen wie der Nachbildung ausländischer Werke mit gleicher Lust hingab. Die Namen der Männer, die durch Lehre, Beispiel und Umgang vorzüglich auf ihn wirkten, be= zeichnen hinlänglich die Verschiedenheit dieser Neigungen, die in seinem Wesen sich ohne Widerstreit verbanden. Heyne und Bürger waren es, denen er sich vornehmlich anschloß. Als Schüler des ersteren gab er sich kund, indem er erfolgreich die Lösung einer jener Aufgaben versuchte, [29] die Heyne seinen Jüngern zu ihrem Nutz und Frommen sowohl wie zur Förderung seiner eigenen Studien zu stellen pflegte; und noch näher verbunden erschien er dem damals weitherrschenden Lehrer, als er zur Ausstattung der zweiten Edition des Virgil beisteuerte und einen Index lieferte, der

---

[29] Vgl. Heynii Opuscula academica 3, 325. 375. Es ist dies eine jener Aufgaben, über die Voß in der Vorrede zur Uebersetzung der Georgika (1789) S. VIII—X nicht mit Unrecht spöttelte.

den Wort- und Phrasenvorrath des Dichters zu bequemer Uebersicht darlegte. [30])

Alles aber, was damals in poetischer Form von ihm ausging, läßt den Schüler und Anhänger Bürgers in ihm erkennen. Seit seinen Kinderjahren dem in der Schlegelschen Familie herkömmlichen Trieb zur Versekunst leidenschaftlich ergeben und durch manigfache Vorübungen in die künstlerische Praxis eingeweiht, suchte er begierig die Nähe des Dichters, wie ernstlich auch weise ältere Freunde ihn von einem so bedenklichen Verkehr abmahnten. Durch eigene Schuld und durch Schuld der Umstände lebte Bürger in Göttingen vereinsamt und mißachtet. Ein herb ungünstiges Geschick hatte ihn in jene Region verwiesen, die von den Meistern der Fachgelehrsamkeit beherrscht ward. Wie durfte er sich unter diese mischen? Wie durfte er hoffen, sich neben ihnen eine selbständige Stellung zu erobern? Sie blickten meist mit offener Geringschätzung auf den Mann, der auf keinem Wissenschaftsgebiete sich hervorgethan, dessen akademische Leistungen nicht für vollgültig angesehen wurden und dem all sein Dichterruhm nicht einmal die Bedingungen eines erträglichen irdischen Daseins verschafft hatte. [31]) Von den Lehrern der Hochschule übertrug sich diese Mißachtung auf die Studenten; [32])

---

[30]) Auch bei dieser philologischen Handarbeit, deren Bedeutung ich übrigens nicht im geringsten unterschätzt wissen will, verläugneten sich also keineswegs die ästhetischen Neigungen des angehenden Kritikers und Poeten. Der Index, der für die dritte Ausgabe von Raphael Fiorillo überarbeitet ward, sollte nach Heynes Worten sein orationis poeticae Romanae, saltem Maronianae, tanquam penus.

[31]) „Einen Dichter in Göttingen zu dulden", schrieb Schlegel 1825, indem er einen behaglichen Rückblick auf sein jugendliches Zusammenleben mit Bürger warf, „einen Dichter in Göttingen zu dulden, schien ganz unerträglich, und in der That paßte es nicht zum besten." Und schon 1797 hatte er geäußert: „es läßt sich in Deutschland kaum eine andre Stadt denken, wo man ihn in dem Grade verkannt und hintangesetzt haben würde." Sämmtl. Werke 8, 68 und 10, 355.

[32]) Woltmann, der im Herbst 1788 nach Göttingen kam, fand Bürger „von dem Troß der Studenten wenig geachtet, nicht sehr von den meisten Professoren." Siehe Woltmanns Selbstbiographie in dessen Sämmtl. Werken 1, 32.

unb in ber That war auch niemanb weniger zum Führer ber Jugenb geeignet, als ber Dichter, ber in ber Führung seines eigenen Lebens so geringe Umsicht bewiesen, ber nie bie Kraft besessen, sein eigenes Wesen in streng sittliche Zucht zu nehmen, unb ber, wenn auch burch Sorge unb Kummer früh gealtert, barum ber jugenblichen Thorheit boch nicht abgesagt hatte. Vielleicht wäre es ihm an einem anbern Orte leichter geworben, mehr Gleichmaß unb Orbnung in sein Leben zu bringen. In Göttingen fühlte er sich wie in ber Verbannung. Jebes Wort bes schmerzlich bittern Unmuths, mit bem er in seinen Briefen bies Exil beklagt, ist nur allzusehr gerecht= fertigt. Er blieb, wie ihm später Göcking in ber Elegie auf seinen Tob nachsang, „am Ufer ber Lein' ein Frembling".

Welche erfreuenbe Erscheinung mußte ihm baher in bieser Lebensöbe ber begabte Jünger sein, ber voll Bewunberung unb Lernbegier ihm entgegentrat! Der ersten Annäherung folgte ein traulicher Verkehr, in welchem balb ber Unterschieb zwischen Meister unb Schüler kaum noch merkbar blieb. Bürger wußte auch Jüngeren gegenüber seine persönliche Würbe nicht mit bem erforberlichen Nach= bruck zu behaupten; Schlegel aber war hinlänglich vorbereitet, um alles, was er von Bürger lernen konnte, rasch aufzunehmen unb zu verarbeiten; sobalb bieser Aneignungsproceß beenbet war, mußte ber Jüngere burch bie Vorzüge eines wohlgeorbneten Wissens, einer früh erlangten theoretischen Bilbung unb eines sichern Kunstgeschmackes eine Art von Uebergewicht über ben älteren Freunb gewinnen. Beibe gefielen sich baher in einem Verhältnisse, wie es sonst nur zwischen gleichberechtigten Genossen zu entstehen pflegt. Die gemein= samen Spaziergänge wieberholten sich täglich; ganze Nachmittage verbrachte Bürger in Schlegels Zimmer. Den höchsten Grab ber Vertraulichkeit erreichte bies Zusammenleben, wie es scheint, im Winter von 1788 auf 89; Bürger bekennt,[33] baß er um biese Zeit fast keinen anbern Umgang gehabt, unb rühmt bankbar, wie

---

[33] Im Brief an F. L. W. Meyer vom 1. März 1789.

vielfache erfrischende und kräftigende Anregungen er von dem jugendlich lebhaften, beweglichen Geiste des Freundes empfangen habe. Ihm gereichte es zur erquicklichen Erholung, wenn er von den schwierigen Problemen der Kantischen Philosophie, an denen er sich vergebens abmarterte, den Sinn wegwenden konnte, um in Gemeinschaft mit dem schon selbständig gewordenen Schüler sich in das heimathliche Gebiet der Dichtung zu begeben, und sich dort an anderen Schwierigkeiten zu versuchen, deren Bewältigung ihm ein längst gewohntes, bald heiteres, bald ernstes und strenges Spiel war.

Denn die Poesie hatte die Freunde zusammengeführt, und sie blieb auch der Inhalt ihrer Gespräche, der Gegenstand ihrer im regsten Wetteifer sich steigernden Bestrebungen. Vor allem galt ihre Aufmerksamkeit dem äußeren Gerüste der Poesie. Die Fragen, die sich auf Behandlung der Sprache, des Rhythmus, der Vers= formen, auf schickliche Stellung und wirksamen Klang der Worte beziehen, wurden am häufigsten erwogen. Wie man das Hand= werksgeräthe der Kunst zu höheren Zwecken brauchen und verwenden müsse, — darüber konnte Bürger die treffendsten Anweisungen ertheilen. Schlegel merkte ihm denn auch alle kräftigeren und leiseren Griffe ab, und ging, durch die angeborne Fähigkeit der Nachbildung begünstigt, so weit in seine Art und Kunst ein, als es seiner eigenen verschieden gearteten Natur irgend möglich war. Bis zu welchem Grade die Annäherung gelang, mag das prunkhaft ausstaffirte Ge= dicht „Ariadne" beweisen, an dem Schlegel in den ersten Monaten des Jahres 1789 arbeitete; schon während es entstand, ward es, wie billig, geehrt durch die Anerkennung des zufriedenen Lehrers, der es denn auch 1790 in seiner „Akademie der schönen Rede= künste" zur öffentlichen Ausstellung brachte. In den Gedichten, deren geringerer Umfang dem Meister zur Entfaltung seiner lebensvollen Kraft und seiner reicheren Darstellungsmittel keinen Raum ließ, z. B. in den Sonetten, deren gleichsam neu entdeckter Form sich Bürger damals mit frischer Lust bemäch=

tigte,[33b]) kam der regſame Schüler ihm ſo nahe, daß kaum noch
ein deutliches Merkzeichen das Vorbild von der Nachahmung unter=
ſchied; und ſo konnte es denn auch noch in unſerer Zeit geſchehen,
daß der Herausgeber der Werke Schlegels für dieſen zwei Sonette
in Anſpruch nahm, die ihren Platz unter Bürgers Erzeugniſſen mit
Recht behaupten.[34])

Der Dichter verhehlte nicht die Selbſtzufriedenheit, mit welcher
er auf den wohlgerathenen, ſo ſicher vorwärtsſtrebenden Schüler
blickte. Wie oft hatte er über die unberufenen Nachahmer klagen
müſſen, die ſich in Schaaren herzudrängten, die nur die Aeußerlich=
keiten ſeiner Manier nachzuſtümpern wußten und ein ſo verzerrtes
Abbild ſeiner Kunſtweiſe hervorbrachten, daß dieſe ſelbſt dadurch bei
Gebildeten in Mißgunſt gerathen konnte. Hier — glaubte er
nun — war ihm ein Anhänger erſtanden, der nur die reinſten und
edelſten Elemente ſeiner Kunſt in ſich aufnahm; in den Produkten
des jungen Verskünſtlers zeigten ſich ihm — und, wie er hoffte,
auch dem Publikum — gerade diejenigen Eigenthümlichkeiten ſeiner
Dichtungsweiſe, die er ſelbſt mit beſonderer Sorgfalt und redlicher
Mühe pflegte, wie in einem lautern und zuweilen verſchönernden
Spiegel. Er fühlte ſich denn auch gedrungen und berechtigt, ſeine
freudige Anerkennung vor aller Welt auszuſprechen. Die neue
Ausgabe ſeiner Gedichte (1789) brachte (1´, 262) das ſchöne, in
würdevoller Beſcheidenheit edel gehaltene Sonett An Auguſt
Wilhelm Schlegel; und damit jedermann ſich überzeugte, daß
dieſe Dichterkrönung wohlverdient geweſen, daß der „junge Aar“,
den er mit prophetiſchen Worten begrüßte,[35]) auch ſchon zu ſelb=

[33b]) Bürgers Bemerkungen über das Sonett in der Vorrede zur Ausgabe
der Gedichte von 1789 S. 21—28 ſind zu vergleichen mit ſeinen Worten im
Briefe an F. L. W. Meyer vom 12. Januar 1789 und mit Schillers Aeußerung
in der Recenſion, Kleinere proſaiſche Schriften 4, 220, wo auch des „vortrefflichen
Freundes, Schlegel“ gedacht wird.

[34]) Es ſind die beiden Sonette „Der Entfernten“ (Sämmtl. Werke 2, 362 fg.),
die zuerſt im Götting. Muſ.=Alman. 1790 erſchienen. Ein Blick auf das Re=
giſter des Almanachs erklärt, wie der Irrthum entſtehen konnte.

[35]) „O Aar, o junger Aar“ — beginnt ein noch ungedruckter Brief Bürgers

ständigem hohen Fluge die Schwingen zu regen wisse, theilte er in
der Vorrede ein Sonett dieses „Lieblingsjüngers" mit, [36]) das freilich
in Vers und Sprache das Bürgersche Muster bis zur täuschenden
Aehnlichkeit wiedergibt.

Schlegel unterließ nicht, sich für Lob und Lehre dankbar zu
erweisen. Während Bürger noch die einzelnen Prachtstrophen seines
hohen Liedes mühsam aneinander fügte, pries der theilnehmende
Freund in begeistertem Gedicht diesen „göttlichsten der Liebesge=
sänge", und forderte mit glühenden, liebevoll dringenden Worten
den Poeten auf, dies erhabene Denkmal seines Ruhmes der Voll=
endung entgegen zu führen. [37]) Nachdem die Gedichte in neuer
Sammlung erschienen waren, versah Schlegel getreulich seine Re=
censentenpflicht in den Göttingischen Gelehrten Anzeigen, [38]) und kargte
nicht mit seinem Lobe, das besonders reichlich über das hohe Lied er=
gossen ward. [39]) Ja, er that noch ein Uebriges. Er widmete dem
Liede eine ausführliche Zergliederung, ganz im Stile der älteren
kritischen Schule. [40]) Wir sehen ihn hier noch meist befangen in

an Schlegel vom 30. Jul. 1792. — Das Sonett ward am 1. März 1789 an
Meyer gesandt.

[36]) Es ging hernach, mit einer Veränderung in der ersten Zeile, in Schlegels
Gedichte (1800) über. Jetzt findet es sich in den Sämmtl. Werken 1, 344.

[37]) Denn daß die Strophen „An Bürger" im Muf.=Alman. 1789 nicht,
wie vermuthet worden, der Nachtfeier der Venus, sondern dem hohen Liede
gelten, wird zweifellos sicher gestellt durch Bürgers Worte im Brief an Meyer
vom 1. März 1789: „Denn sie sind nun vereiniget in ein opus aere perennius,
die ersten zerstreuten Klänge des göttlichsten der Liebesgesänge u. s. w."

[38]) 1789. St. 109. 9. Juli. S. 1089—92. Diese Kritik fehlt in den
Sämmtl. Werken.

[39]) „Aber allen Zauber der Kunst, Pracht von Bildern und Symbolen,
Schätze der Sprache, Musik des Versbaues und was mehr ist, die ganze Fülle
und Tiefe seiner Empfindungen hat der Dichter in dem hohen Liede von der
Einzigen aufgeboten. Es ist, nach des Rec. Gefühl, das erhabenste und voll=
endetste in der lyrischen Poesie, was unsere Sprache aufzuweisen hat."

[40]) Daß im Briefe Friedrichs vom 11. Febr. 1792 einer Kritik des hohen
Liedes erwähnt werde, hatte Haym in der Romantischen Schule 869 an=
gegeben. Ich wies dann nach, daß sie gedruckt sei, und zwar in den Februar=
und Märzheften des Neuen deutschen Museums 1790. Dort hatte ich
sie schon vor Jahren entdeckt, und an der Urheberschaft Schlegels nie gezweifelt.

jenem Begriffe der äußerlichen, formalen Correctheit, dessen Herr=
schaft er selbst später mit triftigen Gründen und verachtungsvollem
Spott so nachdrücklich bekämpft und zu dessen Vertreibung aus dem
Gebiete der Kritik er wesentlich mitgewirkt hat, wenn er auch in
seinen eigenen Arbeiten sich fort und fort von den Satzungen der
Correctheit leiten ließ.

Mit Ehrfurcht, Staunen und Rührung nähert er sich dem
lyrischen Wundergebilde, das damals so über alle Gebühr gepriesen
ward und das jetzt die Meisten wohl tief unter seinem wahren
Werthe schätzen. Er gibt einen Ueberblick über Anlage und Fort=
entwickelung des Ganzen; er deutet auf die Verknüpfung der Ge=
danken hin; er redet vom Silbenmaße, vom Reim, vom Bau der
Strophe; — er legt uns hier, gleichsam in gedrängtester Form, die
Verhandlungen vor, die der Dichter mit ihm in vielfach wieder=
kehrenden Gesprächen über die würdigste Ausstattung dieses gelieb=
testen Kindes seiner Muse gepflogen haben mag. Dann beginnt
die eigentlich zergliedernde Betrachtung. Jede einzelne Strophe
bringt er uns vors Auge, und verweilt bei jeder, bald um ihren
Inhalt erläuternd zu umschreiben, bald um die Schönheit der Diction
ins Licht zu setzen. Hier gibt er überall zu erkennen, wie viel ihm
Bürgers Beispiel und Lehre gefruchtet haben. Alle Geheimnisse der
Vers=Mechanik sind ihm offenbar; auch die verborgensten Feinheiten,
jene kaum bemerkbaren Kleinigkeiten, die doch in ihrer Gesammtheit
den zarten oder mächtigen Eindruck einer Strophe bestimmen, ihm
können sie nicht entgehen; und da er, wie hoch auch seine Bewun=
derung sich schwingt, doch jene Nüchternheit sich bewahrt, die einem
würdigen Kritiker nicht abhanden kommen darf, so weiß er auch
jedesmal mit bestimmtem Worte die Mittel und Mittelchen anzu=
geben, durch die so Staunenswerthes erreicht worden. Gleich bei
der ersten Strophe macht er aufmerksam auf die ausdrucksvolle
Mischung der Vocale in der siebenten, achten und neunten Zeile;
dann hebt er hervor, wie drei auf einander folgende viersilbige Wörter
nicht wenig zur Wirkung beitragen, wie die schmelzende Lieblichkeit

des Klanges aus der Anwendung gewisser weicher Consonanten entsteht; oder er rühmt die ganz eigene Kunst, mit welcher die erlesensten Reimwörter gepaart sind, und deutet an, wie ein schwerfälliger weiblicher Reim den schon so mächtigen Nachdruck einer Versreihe noch vermehren hilft.

Aber diese mehr als gewissenhafte Betrachtung des Aeußerlichen, zu der ein solches Gedicht doch selbst aufzufordern scheint, hindert ihn nicht, auch in das Innere zu bringen. In reger Mitempfindung schließt er sich dem Dichter an, und entwickelt mit unverdrossener Beredsamkeit die Anschauungen, Gedanken und Empfindungen, welche diesen erfüllten und die er in sein Werk überzuleiten strebte; Schlegel versucht sich hier in derselben Kunst, die er bald hernach an einem ungleich würdigeren Gegenstande, an Schillers „Künstlern", mit ungleich größerem Erfolge übte. Oft ist es ihm angelegen, die Vorwürfe zurückzuweisen, die ein Leipziger Recensent aus beschränktem Sinne gegen manche Wagnisse des Poeten erhoben hatte; man sieht hier, daß der Schüler Bürgers weit hinaus war über die kümmerlich enge Geschmackspedanterie, die in manchen Litteraturbezirken noch hartnäckig festgehalten ward. Aber er selbst erlaubt sich dem Einzelnen gegenüber vielfache Ausstellungen; seine Bedenken werden bald in rücksichtsvoll schüchternen Winken angedeutet, bald werden sie in entschieden ausgesprochenem Tadel kund gegeben. Und dieser Tadel geht nicht etwa aus höherer Kunstauffassung hervor; nein, Schlegel tadelt Bürger ganz im Bürgerschen Sinn und nach Bürgerschen Grundsätzen. Es kostete den Dichter daher auch wenig Ueberwindung, die Berechtigung einer solchen Kritik anzuerkennen; denn diese schreckte ihn nicht, wie die Schillersche, durch die Forderung, sich in eine Geistesregion zu erheben, in die er nun einmal nicht hinaufreichen konnte; sie verkehrte mit ihm auf seinem eignen Grund und Boden und verlangte nur eine durchaus folgerechte Anwendung der Kunstgesetze, zu deren Beobachtung er sich selbst verbindlich gemacht hatte. Wo Schlegel, sei es aus sachlichen Gründen, sei es im Hinblick auf den Inhalt, ein

Bedenken geltend gemacht, hat Bürger sich gutwillig zur Aenderung entschlossen. Es gewährt eine ergetzliche Belehrung, von Strophe zu Strophe den Dichter zu begleiten, wie er an dem Liede, nachdem es 1789 erschienen war, sorgsam feilt und ängstlich modelt, und dabei die Kritik des Freundes stets zu Rathe zieht. Er zeigt sich sogar dann folgsam, wenn dieser sich nicht mit dem Ausdruck der Mißbilligung begnügt, sondern mit einem bestimmten Vorschlag zur Besserung der getadelten Stelle herausrückt. So hatte sich der Leipziger Recensent in die drei letzten Zeilen der sechsten Strophe schlechterdings nicht finden können; auch Schlegel will sich wenigstens mit der vorletzten Zeile (Auf des Wunderheiles Fülle) nicht recht befreunden; er möchte etwa lesen: „Auf des Landes Segensfülle" — und gehorsam corrigirte Bürger: „Auf die schöne Segensfülle" —.

Was die ganze Kunstweise, die in einem solchen Gedichte gleich= sam ihren Triumph feierte, Fehlerhaftes und Verwerfliches in sich trug, vermochte Schlegel damals noch keineswegs herauszufinden und zu fühlen. Wer zur Begrüßung des Goethe'schen Tasso, der ersten Sammlung Goethe'scher Lieder nur so kühle, bedächtige Worte der Anerkennung vorbringen konnte, als er damals in den Göttingischen Gelehrten Anzeigen vernehmen ließ, der mußte freilich das hohe Lied ungemessen bewundern. An manchem, was uns jetzt unerträglich vorkommt, z. B. an den Versen

> Schön und werth, Alcibiaden
> Zur Umarmung einzuladen,

geht er ohne jeglichen Anstoß vorüber; in den widerlichen Zeilen

> Wenn du dann in heißer Lust —
> Ha, du bist ein Salamander,
> Wenn du nicht zerlodern mußt! —

nimmt er sogar geflissentlich den Salamander in Schutz, den Bürger doch selbst später mit gerechter Strenge hinauswies. Kurz; was auch hie und da dem Kritiker mißfällig erscheinen mag, es ver= schwindet ihm vor der Pracht des Einzelnen, vor der Herrlichkeit des Ganzen, und am Schluſſe iſt er überzeugt, daß „an dieſem ſtolzen Monumente die Nachwelt die Größe des Künſtlers meſſen werde.“ Er ahnte nicht, daß er dies Gedicht, dem er hier die Be= wunderung der Nachwelt zuſichert, zehn Jahre ſpäter als ein „kaltes Prachtſtück“ gleichgültig abfertigen würde. 41)

Erſcheint nun hier der junge Schlegel als Dichter und Kritiker durch Bürgers Kunſtübung und Kunſtanſchauung vielfach beſtimmt, ſo erweiſt er ſich als Ueberſetzer demſelben Einfluſſe zugänglich.

Bürger hat ſich in allen Perioden ſeines Lebens der Ueber= ſetzungskunſt immer von neuem zugewandt, ſo ſtark in ihm auch das Bewußtſein der Selbſtändigkeit ausgeprägt war, und ſo wenig es ihm gelingen wollte, ſeine Eigenheiten fremden Dichtern gegen= über zu beſeitigen, oder auch nur in gewiſſen Schranken zu halten. Hätte Schlegel für die ihm angeborne Ueberſetzungsluſt noch eines Antriebes von außen bedurft, ſo ward ihm dieſer in dem Verkehr mit Bürger gegeben.

Selbſt die Sonettendichtung, zu der ſich beide in freundſchaft= lichem Wetteifer wechſelſeitig anſpornten, war gewiſſermaßen der Ueberſetzungskunſt verwandt; denn hier ward Petrarca nicht nur im weitern Sinne zum Muſter genommen, ſondern manche ſeiner Poeſien dienten zum unmittelbaren Vorbilde. 42) Je geringer das

---

41) Er nennt in dem Aufſatz über Bürger die Elegie, als Molly ſich losreißen wollte, einen wahren Nothruf der Leidenſchaft, und fährt dann fort: „dagegen iſt das hohe Lied durch die Ausführung ein kaltes Prachtſtück ge= worden, wiewohl die innige Wahrheit der Gefühle als Grundlage durchblickt. Man muß es der Zeit anheimſtellen, ob ſie dieſen blendenden Farbenputz und Firniß mit ihrer magiſchen Nachdunkelung genugſam überziehen wird, um es die Nachwelt für etwas anderes halten zu laſſen.“ Charakteriſtiken und Kritiken 2, 86.

42) Man vergleiche Bürgers Sonett Ueberall Molly und Liebe mit Petrarca 1, 28 Solo e penſoso i più deſerti campi; noch näher ſchließt ſich die Unvergleichliche an Petrarcas vielbewundertes und in der That be= wunderungswerthes In qual parte del ciel, in qual idea (1, 126). Beide Sonette, nach den ſtrengen Forderungen der Kunſt übertragen, finden ſich in Schlegels Blumenſträußen S. 22 u. 50. — Den Ueberſetzungen beizuzählen wäre auch noch das aus dem Muſ.=Alman. für 1790 in Schlegels Werke über= gegangene Sonett „Auf die Vergänglichkeit alles Irdiſchen“, das mit ſo ſchwer= fälliger Stattlichkeit in Alexandrinern einherſchreitet. Es iſt einem Sonette

Maß eigener Schöpferkraft war, mit dem Schlegel sich begnügen mußte, um so dringender fühlte er sich getrieben, an den großen Dichtungen des Auslandes das Amt des vermittelnden Dolmetschers zu üben. Schon damals vermochte er, wie er später von sich bekennt (Athenäum 2, 281), „seines Nächsten Poesie nicht anzusehen, ohne ihrer zu begehren in seinem Herzen". Neben die Versuche zu selbständiger Dichtung traten daher schon früh die mehr oder minder genauen Nachbildungen ausländischer Musterwerke. Schon im Göttingischen Musen-Almanach für 1790 kamen ein Sonett des Petrarca (2, 12) und eine zum Sonett umgebildete Ballata zum Vorschein; 1791 erschienen vier, im nächstfolgenden Jahrgange abermals drei Sonette nebst drei Romanzen aus dem Spanischen.[43] Hernach brachte Beckers „Taschenbuch zum geselligen Vergnügen" ähnliche Gaben. Zu gleicher Zeit bethätigte sich des Uebersetzers Fleiß in der größeren Arbeit am Dante, deren einzelne Theile zwischen 1791 und 1797 hervortraten und besonders in Schillers Horen einen ansehnlichen Raum würdig füllten.

Alle diese Uebertragungen stehen auf gleicher Kunststufe. Den Sinn und Inhalt des Originals suchen sie in möglichster Lauterkeit

Scarrons nachgebildet, das Lessing in der Abhandlung über das Epigramm (Vermischte Schriften 1771, 1, 159, bei Lachmann 8, 454) mittheilt. — Wir lesen dort: „Der Posse thut seine Wirkung" — und diese wird auch in der Uebersetzung nicht verfehlt. Lessing glaubte das Vorbild dieses epigrammatischen Sonetts in dem lateinischen Epigramm eines Unbekannten zu entdecken, das Barth seinem weiten Sammelwerke einverleibt hatte (Lachmanns Lessing 11, 745). Aber Scarron begab sich nicht auf einen so abgelegenen Pfad. Er hatte auch hier sein Muster, wie so häufig, aus dem Spanischen herübergenommen. Sein Sonett ist einem weit zierlicheren soneto burlesco des Lope de Vega nachgeahmt, welches anfängt „Soberbias torres, altos edificios".

[43] Es sind die Sonette 1, 184. 98. 213. 2, 35. 1, 69. 160. 2, 58. Die Originale der Romanzen findet man in Grimms silva de romances viejos S. 141. 284. 308. Wahrscheinlich nahm Schlegel sie aus demselben, der Göttinger Bibliothek zugehörigen Exemplare der Antwerpener Sammlung von 1555, welches zwanzig Jahre später für Grimms silva die schönsten und volksmäßigsten Stücke lieferte. Die Romanze vom Gefangenen, von welcher Schlegel nur die erste Hälfte gibt, erschien von Herder vollständig übertragen in Schillers Musen-Almanach für 1796, S. 59.

wiederzugeben; aber ein unbedingt strenger Anschluß an die Form
wird nicht erstrebt. Noch genügt es, wenn die Uebersetzung nur
durch nähere oder entferntere Aehnlichkeit an die Form der Urschrift
mahnt. Schlegel fühlt noch nicht, daß, wenn man einmal zur
Nachbildung des Formellen schreitet, man nicht auf halbem Wege
abbrechen darf; es mangelt ihm noch die Einsicht, daß man nicht
befugt ist, eine festgegliederte Form beliebig umzuwandeln, gleich
als ob sie willkürlich zusammengesetzt sei und ihr Organismus nicht
auf innerer Nothwendigkeit beruhe. So nimmt er der Terzine den
mittleren Reim; dadurch verschafft er allerdings seiner Sprache
eine zwanglosere Bewegung und macht dem ungewohnten Leser die
Dante'sche Darstellungsweise zugänglicher: aber er zerstört den Charakter
des in ununterbrochenen Verschlingungen sich hinwindenden Verses,
der den fortleitenden Reim zum eigentlichen Wahrzeichen hat. Eben
so wird die Canzone ihrer künstlich ausgebildeten Form entkleidet;
den Romanzen fehlt die Assonanz, wogegen eine derselben mit voll-
ständigem Reim ausgestattet wird. In den Sonetten ist die Reim-
stellung nach Willkür und Bequemlichkeit gewählt; in einigen sehen
wir zwar den viermal wiederkehrenden Reim auftreten (Werke 4,
63. 76); aber gerade diese sind nach Bürgers Vorgange, gegen den
sich Schlegel selbst später auf das entschiedenste erklärte, in trochäischen
Zeilen abgefaßt. Er glaubte schon etwas zu wagen, wenn er lauter
weibliche Reime anwandte, wie in den beiden Sonetten, welche der
Musen-Almanach für 1790 enthielt; und wirklich ward dies Unter-
fangen von der an den herkömmlichen Zwangsregeln zäh festhaltenden
Kritik streng geahndet. [44] Man kann nicht leugnen, daß diese
Uebertragungen durch Leichtigkeit und einen gewissen freien Schwung
des Ausdrucks etwas Einschmeichelndes gewinnen. Aber das Sonett
ist ein kleines Kunstgebäude, das nach den strengsten Maßen auf-
geführt sein muß, wenn es nicht auseinander fallen soll; und

[44] Bürgers Sonett „Der versetzte Himmel" zeigt gleichfalls nur weibliche
Reime.

Schlegel besaß damals noch nicht den Sinn und Blick für die Architektonik desselben, die er später so fein erkannt und so zierlich geschildert hat. Was er in jenen Jahren leistete, konnte deshalb vor seinem eigenen Urtheilsspruche bald nicht mehr bestehen. Im zweiten Bande des Athenäum (S. 283) warf er die Aeußerung hin, daß von seinen Sonetten nach dem Petrarca „nicht mehr die Rede sein könne". Und in der That stehen seine früheren Uebertragungen südlicher Poesien zu den Musterstücken, welche 1804 die Sammlung der Blumensträuße bildeten, in demselben Verhältniß, welches wir zwischen der früheren und späteren Uebersetzung des Sommernachtstraumes wahrnehmen.

Denn ganz in den Kreis seiner älteren Uebersetzungsarbeiten, auf die er selbst nach einem halben Jahrzehnt mißbilligend zurücksah, gehört auch sein erster Versuch, Shakespeare zu verdeutschen. Wir mußten uns der Einflüsse erinnern, für die er in jener Zeit besonders empfänglich war, wir mußten uns seinen gesammten Bildungszustand, seine künstlerischen Leistungen und seine Begriffe und Anschauungen von der Kunst vergegenwärtigen, um zu begreifen, wie diese früheste Bearbeitung entstehen konnte, und um sie in die Entwickelungsgeschichte der Schlegelschen Kunst an gebührender Stelle einzureihen.

Auch in dieser Arbeit herrscht schon in Betreff des Inhalts der strengere Begriff der Uebersetzung vor. Der Inhalt bleibt unangetastet, die Reihenfolge der Scenen unverändert. Der Text wird nicht in einer Umschreibung, sondern so wie er vom Dichter ausgegangen ist, ohne Verkürzung und ohne Zuthat, geliefert. Aber den Formen, welche der Poet für seine Darstellung wählt, geschieht nicht durchweg ihr Recht; ihnen gegenüber glaubt sich der nachbildende Künstler zu freierem Schalten befugt. Er läßt zwar für den Blankvers den fünffüßigen Jambus auftreten und gibt deutsche Prosa für englische; wo aber im Dialog die Reime sich vernehmen lassen, — und im Sommernachtstraum wird dieser Schmuck sehr reichlich angewandt — da läßt er den Alexandriner mit dem herförmlichen Wechsel männlicher und weiblicher Reimwörter einrücken, und ebenso gestattet er sich, in den völlig lyrischen Bestandtheilen des Zauberspiels von den Formen des Originals abzuweichen.

Blickte Schlegel im Jahre 1789 [45]) nach einem Muster aus, nach welchem er seine ersten Versuche gestalten konnte, so fand er keins, dem er sich unbedingt anschließen durfte. Aber leitende Winke für die ganze Behandlung seiner Aufgabe hätte er von Wieland empfangen können. Dieser hatte 1762 seine Uebersetzung Shakespeares mit dem Sommernachtstraum sehr glücklich eröffnet. Während er in den andern Stücken die poetische Farbengebung fast gänzlich ver= wischte, so behielt er hier stets im Gedächtniß, daß es eben ein D i ch t e r war, den er in deutsches Gewand kleiden wollte. Der Sommernachtstraum ist das einzige Stück, bei dem er den Vers in Anwendung brachte. Wenn die Eigenthümlichkeiten der Darstellung nirgends voll und ganz zur Erscheinung kommen, so werden sie doch auch nirgends, wie es sonst unter Wielands Händen so oft, und zwar unwillkürlich geschieht, bis zur völligen Verzerrung entstellt. Eschenburg hat dann in seiner Ueberarbeitung noch redlich nach= geholfen, und manches Einzelne sorgfältiger behandelt, wenn er auch im Ganzen die Treue und dichterische Lebendigkeit des Ausdrucks nicht zu steigern vermochte. [46]) Offenbar hatte sich Wieland mit Neigung in die Zauber= und Feenwelt hineingedacht, in der Oberon, Puck und Titania walten und die Schicksale der durch Leidenschaft verwirrten Sterblichen nach neckisch=gutmüthiger Laune lenken. Dies

---

[45]) Dies Entstehungsjahr für die mit Bürger gemeinsam unternommene Bearbeitung anzusetzen, berechtigen uns nicht nur Bürgers Aeußerungen, aus denen hervorgeht, daß eben um jene Zeit der Verkehr mit Schlegel am lebhaf= testen war, sondern auch Schlegels eigene Worte in der Vorrede zum ersten Bande der Uebersetzung: „Vielleicht erinnern sich einige meiner Bekannten, daß ich vor etwa acht Jahren mit Bürger gemeinschaftlich an einer Nachbildung des Sommernachtstraums arbeitete."

[46]) Die Verse 4, 1, 90—107 geben ein gutes Beispiel von der Art der Verbesserungen, die Wielands Text durch Eschenburg erfuhr. In Eschenburgs zweiter Ausgabe zeigt der Sommernachtstraum (Bd. 3, 1799) unverkennbare Spuren von dem Einflusse der inzwischen erschienenen Schlegelschen Arbeit.

Gedicht stieß ihn durch keine jener großartigen Sonderbarkeiten ab, die ihm sonst bei seiner Uebersetzerarbeit die Stimmung zu verderben pflegten; es war faßlich für seine Einbildungskraft, die sich ihrer jugendlichen Ueberschwenglichkeiten schon entwöhnt hatte; und indem er den Sinn dieses bedeutungsvoll heitern Spieles ergriff, so gewann seine Uebersetzung etwas von der gefälligen Leichtigkeit, welche hier als die unerläßliche Bedingung jeder erfreulichen dichterischen Wirkung gelten muß. Aber dafür entbehrte sie auch der strengern künstlerischen Haltung, die ein Poet wie Shakespeare auch bei den luftigsten Spielen gaukelnder Phantasie nicht vermissen läßt. Ein nachfolgender Uebersetzer, dem es um einen wirklichen Fortschritt zu thun war, mußte jene, aus geistreicher Auffassung hervorgehende Leichtigkeit mit ernster gewissenhafter Behandlung der künstlerischen Form paaren. Aber nicht wohl konnte es irgend einem Nachfolger glücken, Wieland in der Dolmetschung der derbkomischen Scenen zu übertreffen. Hier hatte dieser ein eigentliches Muster aufgestellt. Die ehrsamen Hand= werker redeten bei ihm, wie es ihrer Natur und Sinnesart geziemte, und die gravitätisch ungeschickten Verse der Komödie, mit welcher sie dem Hofe eine Ergötzlichkeit bereiten wollen — hier nahm der Alexandriner seinen gebührenden Platz ein — erzielten vollkommen die Wirkung, auf die sie berechnet waren. Schlegel durfte daher in den prosaischen Scenen sich einer gewissen Abhängigkeit von Wieland nicht entziehen, und die lustige Tragödie von Pyramus und Thisbe nahm er mit geringfügigen Aenderungen aus der Arbeit seines Vorgängers herüber, weil ihm, wie es in den einleitenden Worten zur ersten Ausgabe heißt, „mehr daran lag, daß die von ihm gelieferte Uebersetzung so vollendet wie möglich, als daß sie in allen ihren Theilen neu wäre."[47])

——— — — —

[47]) Ursprünglich wollte Schlegel, wie b deutlich zeigt, aus Wielands Ueber= setzung auch die beiden Strophen beibehalten, die der eben transferirte Zettel (3, 1) singt, um zu zeigen, daß er sich nicht fürchte. Da aber Wieland den Versen keine Reime gegeben, so hatte Schlegel schon 1789 sein Bedenken dabei, und schrieb an den Rand: „das Lied müßte wohl in gereimte Verse übersetzt, vielleicht auch an die Stelle des Bonmot mit dem Kukuk ein andres gesetzt

Unter den Deutschen war damals nur Einer, dessen Rath und
Beispiel den jungen Schlegel zu dem höchsten Ziele der Uebersetzungs=
kunst hinleiten konnten: Herder allein hätte hier die richtige Lehre
zu ertheilen vermocht. In den Bruchstücken einzelner Shakespearescher
Scenen, die unter seine „Volkslieder" verstreut waren, hatte er schon
längst dem Uebersetzer gleichsam vorgeschrieben, wie dieser sich ver=
halten müsse, um in unserer Sprache den Geist des Dichters zum
lautern Ausdruck zu bringen. Die Unzulänglichkeit der Wieland'schen
Uebersetzung hatte niemand, wenn wir etwa den heftig urtheilenden
Gerstenberg ausnehmen, so scharf und lebhaft empfunden wie
Herder. Schon längst bevor er in den Blättern „von deutscher
Art und Kunst" als der Ausdeuter Shakespeares mit mächtiger
Stimme geredet, hatte er sich in die Kunst= und Geisteswelt des
britischen Dichters versetzt. Wenn die einen, überwältigt von der
alles gewöhnliche Maß überschreitenden Erscheinung, in einem uner=
giebigen Anstaunen, wie gefesselt, verharrten, konnte er sich nicht
hieran genügen lassen; und noch viel weniger konnte er einstimmen
in den dünkelhaften Tadel der andern, der überall da laut ward,
wo der Dichter gegen das heilig geachtete Regelgebäude rücksichtslos
anstieß. Lessing hatte den englischen Dramatiker als einen Künstler
legitimirt, der in voller unantastbarer Selbständigkeit einen Platz

---

werden." Aus späterer Zeit findet sich dann die Frage angemerkt: „Ließe sich
ein Hahn daraus machen?—" Erst in der letzten Umarbeitung erhielten die
Strophen und der ihnen folgende prosaische Satz (for indeed, who would set
his wit), der zuerst auch mit Wielands Worten gegeben war, diejenige Gestalt,
in der sie uns jetzt bekannt sind. — Daß Schlegel bei seiner Arbeit die ältere
Uebersetzung immer vor Augen gehabt, würde sich von selbst verstehen, auch wenn
es uns die Handschriften nicht bezeugten. So ward in b den Worten des
Demetrius 5, 118 This fellow doth not stand upon points — Dieser
Bursche nimmts nicht sehr genau — die Bemerkung beigefügt: „So muß,
wie ich glaube, stand on points übersetzt werden. Wenigstens ist die Eschen=
burgische und Wieland'sche Uebersetzung gewiß falsch. Nähml.: Dieser Bursche
geht nicht auf Stelzen." — Eschenburg schloß sich in seiner zweiten Ausgabe den
Schlegel'schen Worten an: „Der Bursche nimmts so übergenau eben nicht." —
Ob Schlegel indeß den auf einem Wortspiel beruhenden Witz völlig gefaßt habe,
wird aus seiner Uebersetzung nicht deutlich.

neben den großen Alten ansprechen durfte. Herder suchte nun auf
dem Pfade geschichtlicher Betrachtung zum ungehemmten Anschauen
der immer noch wie in fremder Ferne dastehenden Dichtergestalt zu
gelangen. Er wollte nicht an ihr mäkeln, wie es die kleinsinnigen
Kunstrichter des achtzehnten Jahrhunderts in ergetzlichem Selbst=
bewußtsein thaten; er wollte nicht vor ihr, gleich als ob er sich
jedes Urtheils begebe, in zagendes Erstaunen versinken; er wollte
begreifen lernen, wie sie geworden; er wollte einsehn, nach welchem
Gesetze geschichtlicher Nothwendigkeit sie so werden mußte, und welcher
Standort ihr demgemäß innerhalb der weiten Gränzen der Dichter=
welt gebühre. Wenn ihm die großen Eigenschaften des Poeten in
ungeschwächtem Glanze entgegenleuchteten, so wollte er auch einen
klaren Blick gewinnen für die weniger zusagenden Eigenthümlich=
keiten, ja für manche scheinbar mißfällige Eigenheiten desselben,
indem er die Sinnes= und Anschauungsweise der Zeit, welcher
Shakespeare angehörte, die Bildungszustände der Nation, aus welcher
er hervorgegangen, in Betracht zog. Auch hier, wie überall, wo er
zum Verständniß fremder Poesie anleitete, drängte er zur geschicht=
lichen Betrachtung hin, und forderte auf, sich in das Land des
Dichters zu begeben, um den Dichter zu verstehen; auch hier be=
währte und übte er sie, jene wunderwürdige Fähigkeit des lebendigen
Eindringens, des ahnungsvollen Erfassens, das nicht selten in die
deutlichste Erkenntniß übergeht. So konnte er sich auch in jene
Seltsamkeiten des Shakespearischen Stils hineinfinden, die dem
damaligen Geschlecht am anstößigsten waren; schon in seinem frühesten
jugendkräftigen Werke, in welchem er unsere Litteratur nach allen
ihren Richtungen hin überblickte und dabei alle Richtungen seines
eigenen Wesens hervortreten ließ, — schon in den „Fragmenten“
findet sich über das Wortspiel eine Bemerkung, deren treffende
Wahrheit ihm damals wohl nur wenige seiner Leser nachzuempfinden
vermochten. 46) Und wenn er in demselben Werke die berechtigte

---

4) „Eben diese Concetti, die er mit Wortspielen vermählt, sind Früchte,

Klage vorbringt, daß Shakespeare „ohngeachtet der Uebersetzung" noch so wenig gekannt sei, so mochte er hernach (im Briefe an seine Braut vom 28. October 1770) mit gleichem Rechte sich rühmen, ihn nicht blos gelesen, sondern studirt zu haben. [49])

Aus diesem lebens= und seelenvollen Studium erwuchs ihm die Lust zur Uebersetzung. Er übertrug einzelne Lieblingsstellen, nicht um von dieser Arbeit alsbald öffentlichen Gebrauch zu machen, sondern nur um sich selbst und seinen Freunden ein greifbares Beispiel zu geben, wie weit man über Wieland hinausgehen könne, ohne deshalb die natürlichen Grenzen der deutschen Rede zu ver= lassen; er wollte versuchen, wie weit es gelänge, in die heimische Sprache alles das überzuleiten, was er aus des Dichters Worten vernahm und herausfühlte. Seine Uebersetzerlust wandte sich vornehm= lich auf solche Theile der Shakespeareschen Dichtung, zu denen Wie= land sich entweder gar nicht herangewagt hatte, oder an denen er aufs kläglichste gescheitert war. Wenn dieser sich in den Sommer= nachtstraum noch hineindenken konnte, aber schon beim Sturm

---

die nicht in ein anderes Clima entführt werden können: Der Dichter wußte den Eigensinn seiner Sprache so mit dem Eigensinn seines Wizzes zu paaren, daß sie für einander gemacht zu seyn scheinen: höchstens gleicht jener dem sanften Wider= stande einer Schöne, die bloß aus Liebe spröde thut, und bei der ihre jung= fräuliche Bescheidenheit doppelt reizet." (Fragmente 1, 46. 2. Ausg. S. 98). — Wie schwer es in der That ist, diese Früchte in ein anderes Klima zu entführen, mußte auch Schlegel später erfahren. Er nennt (Athenäum 2, 283) die Wortspiele „eine Sache, wozu die deutsche Sprache am allerungeschicktesten ist, weil sie immer nur arbeiten, niemals spielen will."

[40]) „Wie sehr Sh. mein Steckenpferd ist, wird Ihnen vielleicht Merck ge= sagt haben! Ich habe ihn nicht nur gelesen, sondern studirt, wie ich das Wort recht unterstreiche." Lebensbild 3, 1, 239. — Schon diese eine Aeußerung müßte uns bestimmen, auf alle Fälle die Vermuthung abzuweisen, auf die vor kurzem in den Götting. Gelehrt. Anz. (1872. St. 17. S. 661) hingedeutet worden: Herder möchte vielleicht der Verfasser der Rede auf Shakespeare sein, die Otto Jahn 1854 als ein Goethesches Produkt veröffentlichte und deren Ent= stehungszeit ich dann genauer angab. Wer 1770 sich des eingehendsten Studiums rühmte, konnte unmöglich, wie der Autor jener Rede, 1771 von sich aussagen: — „noch zur Zeit habe ich wenig über Shakespearen gedacht; — geahndet, empfunden wenns hoch kam, ist das Höchste, wohin ichs habe bringen können."

sich ganz ohnmächtig erwies, so ward Herder vielmehr durch den Drang seiner Empfindung überall dorthin gezogen, wo der Dichter aus der Fülle einer unbegrenzten Einbildungskraft neue Welten hervorruft und sie mit selbstgeschaffenen Wesen bevölkert, denen er ein ebenso wahrhaftiges, unzerstörbares Dasein mittheilt, wie den Gestalten, die er dem Bereiche der wirklichen Welt entnimmt; und eben so mächtig fühlte er sich zur Nachbildung angeregt, wo die Shakespeare'sche Dichtung aus der volksmäßigen Ueberlieferung schöpft oder vielmehr aus dieser herauswächst, wo sie von einem lyrischen Hauche durchzogen ist, und sich dem Geiste des Volksliedes anver= mählt.

So erhielten denn auch diese Uebersetzungen in der Sammlung seiner Volkslieder (1778) ihren schicklichen und würdigen Platz. Da finden sich im ersten Theile Lieder aus Cymbeline, Maß für Maß, Was ihr wollt, aus dem Sturm, Hamlet und Othello. Weil die lyrischen Stücke, welche den drei letztgenannten Dramen einverleibt sind, nicht wohl aus ihrer Umgebung loszulösen waren, so fügte Herder die Scenen bei, zu welchen sie gehören. [50])

Dem ursprünglichen, später aus triftigen Gründen veränderten Plane seiner Sammlung gemäß, hatte Herder in einer Vorrede zum

---

[50]) Die Uebersetzungen aus dem Sturm, Ariels Lieder im ersten und fünften Akt (1, 146—51 Einige Zauberlieder) fehlen sträflicher Weise in den Stimmen der Völker, wie sie nach J v. Müllers Redaction in die sämmt= lichen Werke übergegangen sind. Im Inhaltsverzeichniß des ersten Bandes der Volkslieder gibt Herder an, daß der eine der Gesänge Ariels (Where the bee sucks) noch in der Bibl. d. schön. Wissensch. 4, 646 übertragen stehe — Moses Mendelssohn war der Uebersetzer; dann folgt die Bemerkung: „Im Original ist ein Zauberton, wie aus einer Welt andrer Wesen." Damit sind zu vergleichen die Worte im Briefe an Merck vom 28. October 1770: „das eine von so feier= lichem Zauberton, das andere so ätherisch sylphenfreudig". — Bei den Liedern im Hamlet hätte ein anderer als Herder wohl die Versuchung gefühlt, sich dem Vorgange Percys anzuschließen, der aus diesen Fragmenten, denen noch einige Verse aus Much ado about nothing beigemischt wurden, eine selbständige Ballade gestaltete, die Bürger im „Bruder Graurock" sich zu eigen machte. Aber Herder ließ die vereinzelten Strophen, wie er sie bei Shakespeare fand. Er fühlte zu wohl, daß keiner neueren Hand die Bearbeitung solcher Bruchstücke ge= lingen könnte.

zweiten Buche derselben, welches „Lieder aus Shakespear" bringen
sollte, über die bedenkliche Frage handeln wollen: „Wäre Shake=
spear unübersetzbar?⁵¹) Nun gab er durch die That eine
Antwort auf diese bis dahin noch immer nicht im rechten Sinne
gelöste Frage. Die musikalische Seele dieser Lieder hatte er wie im
Fluge gehascht und in den leichtschwebenden Vers hineingebannt. So
wie sie hier übersetzt waren, ließ sich die Forderung erfüllen, die
Herder schon 1770 an Merck gerichtet hatte, und zwar mit denselben
Worten, mit denen Goethe lange Zeit hernach den gleichen Wunsch
für seine eigenen Gedichte aussprach: „Aber bei Leibe horchen Sie
nur auf Ton und nicht auf Worte: Sie müssen nur singen, nicht
lesen." (Briefe an Merck 1835, S. 13). Freilich waren die Verse
des Dialogs nicht durchaus in demselben Maße gelungen; aber auch
in ihnen spürte man den Geist, der eine wahrhaft treue Uebersetzung
Shakespeares durchdringen sollte. An dem, was hier geleistet worden,
mußte der junge Schlegel sich lernend und prüfend bilden; dann
konnte er hoffen, die Fähigkeit zu noch größeren Leistungen zu er=
langen.

Wie vielfache Förderung er aber auch aus dem aufmerksamen
Studium dieser Musterstücke gewinnen konnte, noch förderlicher hätte
ihm die Kenntniß derjenigen Uebersetzungen werden müssen, die
leider in Herders Papieren verborgen geblieben. Schlegel vermochte
freilich nicht zu ahnen, daß dieselbe Aufgabe, welcher er sich zu
Ende des neunten Jahrzehnts mit ungewissem Schritte näherte, von
Herder schon vor dem Beginne des achten mit sicherer Hand ergriffen
worden. Der Sommernachtstraum hatte auch Herder lebhaft an=
gezogen, und manche der Stellen, die am lieblichsten im lyrischen
Schmucke glänzten und unter Wielands Feder am schlimmsten ge=
litten hatten, lockten seinen Künstlersinn, daß er die Uebertragung

---

⁵¹) Siehe im dritten Bande der Zeitschrift für deutsche Philologie S. 458—75
B. Suphans Aufsatz zur Textkritik von Herders Volksliedern, an dessen be=
lehrendem Inhalt sich wohl alle erfreut haben werden, denen eine nähere Kenntniß
des Herderschen Schaffens erstrebenswerth dünkt.

wagte. Außer manchen, durch Anmuth besonders hervorstechenden Versen der gereimten Dialoge, hatte er die zierliche, von allem Zauber der Elfenwelt erfüllte Schlußscene übersetzt, die Wieland weislich ganz unberührt gelassen. Schon im Jahre 1770 mußte er beklagen, [52]) daß diese und ähnliche Versuche, gerade den schwierigsten Stellen der Shakespeareschen Werke mit nachdichtender Kunst bei= zukommen, aus seinen Papieren verschwunden waren. Doch sind uns in einem Briefe an seine Braut (Lebensbild 3, 1, 337) aus dem ersten Akte des Sommernachtstraumes einige Verse glücklich erhalten. Es sind diejenigen, in denen Lysander mit schmerzlicher Wehmuth schildert, wie „nie der Strom der treuen Liebe sanft geflossen", und Hermia dann mit holdem Schwur gelobt, ihn im Walde zu treffen. [53])

Obschon in diesen Zeilen der Zwang des Reimes, wenigstens an einer Stelle wahrnehmbar blieb, so ließ sich doch vor allem an ihnen rühmen, daß die zarte Eigenthümlichkeit des Shakespeareschen Ausdrucks hier nicht verletzt worden; den gelind hingleitenden Vers aber gar zum Alexandriner zu versteifen, das würde sicherlich Herder

---

[52]) Im Briefe an Merck vom 28. Oct. 1770. Dieser Brief, sammt den gleichzeitigen Aeußerungen gegen seine Braut, liefern das schönste Zeugniß für die leidenschaftliche Theilnahme, mit welcher er damals Shakespeare umfaßte; es wird uns hier gleichsam die Tonart angegeben, aus welcher Herder mit Goethe über den englischen Dichter in jenen Tagen sprechen mochte.

[53])
So schwör ich Dir, bei Amors strengem Bogen!
beim besten Goldpfeil, der ihm je entflogen!
bei aller Freundlichkeit der Venustauben!
bei dem, was Seelen knüpft und nie läßt rauben!
beim Feu'r, von dem Karthago's Kön'gin brannte,
als treulos der Trojaner von ihr rannte!
bei allen Schwüren, die je Männer brachen!
— ach mehr, als alle Mädchen jemals sprachen!
schwör ich Dir! dort im Hain, in jenen Linden
sollt du dein Mädchen morgen treulich finden.

Herder setzt hinzu: „Ist das nicht süß geschworen? —" Von den deutschen Linden findet sich freilich nichts in den englischen Versen; sie stammen aus Wie= lands Imagination: „An jenem Platz, im Schatten jener Linden | Sollst du mich zur bestimmten Stunde finden."

schon damals als ein Vergehen an dem Geiste des Dichters und der Dichtung empfunden haben.

Jedoch wer weiß, ob der junge Schlegel fähig gewesen wäre, in diesen Herderschen Bruchstücken das allein nachahmungswerthe Muster zu erkennen, wenn auch etwa ein guter Genius sie ihm vors Auge gebracht hätte? Wir haben wahrgenommen, wie er unter dem Banne der Bürgerschen Technik stand, wie er sich den Kunstanschauungen hingab, die der Meister hegte. Bürgers Geist war es denn auch, der über diesem ersten Dolmetschungsversuche schwebte, oder vielmehr aus jeder Zeile nur allzu vernehmlich hervorsprach.

Den Antheil des älteren Genossen an der gemeinsam unternommenen Arbeit können wir jetzt genau bestimmen. Daß Bürger nur „einige der Lieder und gereimten Scenen gemacht", berichtete Schlegel an Schiller den 26. Februar 1796; die vorliegenden Handschriften bestätigen diese Angabe. Auf den einzelnen, bei dem Manuscript b erhaltenen Blättern finden wir in Bürgers eigener Schrift die folgenden Stellen übersetzt: 2, 1, 32—59 (Either I mistake your shape and making quite bis And here my mistress. Would that he were gone) 2, 2, 27—34 (What thou seest, when thou dost wake) 2, 2, 66—83 (Through the forest have I gone) 3, 1, 166—180 (Ready. And I. And I. And I. Where shall we go?) 3, 2, 1—40 (I wonder if Titania be awaked bis That, when he waked, of force she must be eyed; Schlegel hat dann mit eigener Hand die folgenden Verse der Scene bis Nor is he dead, for aught that I can tell hinzugefügt) 3, 2, 122—176 (Why should you think that I should woo in scorn? bis Look, where thy love comes; yonder is thy dear).

Diese Uebersetzungsarbeit war für Schlegel und Bürger längere Zeit hindurch eine der poetischen Ergetzlichkeiten, mit denen sie ihren Verkehr aufschmückten; [54] sie war ihnen aber auch zugleich ein ernstes

---

[54] Wie sich die Arbeit in ihren freundschaftlichen Verkehr verschlang, bezeugt uns noch ein unter den Bürgerschen Bruchstücken erhaltenes Billet Schlegels:

Unternehmen, deſſen künſtleriſche Bedeutung ſie durch das gewiſſen=
hafteſte Bemühen immerfort zu ſteigern trachteten. Bürger bewies
auch hier in der Behandlung von Sprache und Vers den ſtrengen,
nach techniſcher Vollendung ſtrebenden Sinn, der ihm angeboren
war und den er mit den Jahren gefliſſentlich immer ſtärker aus=
bildete. Mehre dieſer Bruchſtücke liegen in doppelter Bearbeitung
vor. Von dem größeren Stücke im Anfange des zweiten Aktes, das
durch Schlegels Vermittlung 1797 in die Allgemeine Literatur=
Zeitung No. 347 [55]) gelangte, ſo wie von einem Theile des Berichtes,
den Droll im dritten Afte über die Transformation Zettels erſtattet,
ſind ſogar drei Texte vorhanden. Viel Sorgfalt iſt auch den Verſen

---

„Wenn Sie heute nichts beßres wiſſen, ſo kommen Sie doch gegen Abend zu
mir und trinken Thee bey mir; Sie ſind ſo lange nicht bey mir geweſen. —
Wenn Sie kommen wollen, ſo machen Sie ſich den Nachmittag hübſch an die
verſprochne Verſe, ich will ſehen ob ich auch etwas auftiſchen kann. Wollen
Sie? Schlegel.“ Adreſſe: „An Herrn Doctor Bürger.“ — Der von ſeinem
Jünger in ſo unumwundener Weiſe gemahnte Dichter ſchrieb auf die Rückſeite
des Billets die Verſe aus dem Beginn des zweiten Akts: „Ich ſcherz’ um
Oberon und reiz’ ihn oft zur Lache“ u. ſ. w., die dann beim abendlichen Thee
ohne Zweifel mit peinlichſter Strenge durchgeprüft wurden.

[55]) Ich habe es, von einigen erläuternden Bemerkungen begleitet, in Goſche’s
Archiv für Litteraturgeſchichte 1, 1, 110 fg. wieder abdrucken laſſen. Als ich jene
Bemerkungen niederſchrieb (im Herbſt 1866), war mir weder von den andern
Bürgerſchen Bruchſtücken, noch von der ganzen früheren Arbeit Schlegels irgend
etwas bekannt. Die abgedruckten Verſe ſtimmen mit dem dritten der handſchrift=
lich erhaltenen Texte, der ſchließlich approbirt ward, und den auch Schlegel in
beide Abſchriften der Scene in a und b aufgenommen hat. Die Verſchiedenheiten
in den beiden früheren Aufzeichnungen ſind geringfügig; der Grundton iſt in
allen unverändert derſelbe. Die beiden letzten der gedruckten Verſe, die mir be=
ſonders tadelnswerth erſchienen, lauten in den zwei anderen Texten: „Doch bald
platzt alles auf — die Böſen und die Frommen | Beſchwörens, ſolch ein Spaß
ſey noch nicht vorgekommen.“ — Das nicht in den Druck übergegangene Verspaar
am Schluß der Scene findet ſich in den drei Texten in drei verſchiedenen Formen:

1. Doch hier kommt Oberon! Nun, Frecher, packe dich!
   Ach! meine Herrin auch! Ich wollt’ er trollte ſich!
   (Variante: Und ſelber auch Madam)

2. Doch hier kommt Oberon! Nun, Frecher, trolle dich!
   Madam kommt ſelber auch! Ich wollt’ er packte ſich.

3. Doch — Frecher, packe dich! denn hier kommt Oberon.
   Ach, meine Herrinn auch! Trollt’ er ſich nur davon!

gewidmet, in denen Titania mit reizvollen Worten ihre dienenden Geisterchen auffordert, den holden Zettel mit allem Süßen und Lieblichen, was das Elfenreich nur bietet, zu erquicken. Diese Verse sind gleichfalls in doppelter Aufzeichnung erhalten:

1.	2.
Bedient mir diesen Herrn mit aller Höf= lichkeit!	
Umhüpfet ihn, bestreut ihm jeden Pfad mit Rosen,	Luftsprünge macht um ihn, und schlagt ihm Purzelmänner,
Pflegt mit Melonen sein, pflegt sein mit Apritosen,	Tischt seines Obst ihm auf als einem feinen Kenner,
Mit Maulbeer, Feige, Pfirsch' und Traub' und Ananas,	Melone, Feige, Pfirsch' und Traub' und Ananas,
So lecker, als nur je ein Erdensohn sie aß,	
Pflegt sein mit Honigseim, und laßt der kleinen Bienen	
Gewichste Füßchen ihm des Nachts zu Kerzen dienen;	
Ihr zündet sie am Steiß des Feuer= würmchens an,	
Damit er in und aus dem Bett sich finden kann.	
Entrupft die Flügelchen den bunten Schmetterlingen,	
Von seinem Aug im Schlaf den Mond= schein wegzuschwingen.	
Nun werft ihm Kußhand zu und macht ihm einen Knicks.	Nun macht ihm Reverenz und grüßt ihn insgesammt.
1. Fee. Viel Glücks, o Sterblicher!	Viel Glück!
2. Viel Glücks!	Viel Glück!
3. Viel Glücks!	Viel Glück!
4. Viel Glücks!	Viel Glück zu unserm Amt!

Der zweite Text ward von Schlegel in a und b mit gehor= samer Hand abgeschrieben; [56] aber weder der eine noch der andere

---

[56] Nur finden wir dort am Schluß der Verse die Lesart: „zum neuen Amt", durch welche der Zusammenstoß der beiden Vocale vermieden wird. — Von dem ersten Texte liegt noch eine frühere flüchtige Aufzeichnung vor, die nur unbedeutende Verschiedenheiten bietet. Die Schlußzeilen erscheinen in abweichender Form:

Mit Eya und Popey lullt ihn in süße Ruh.
Glück zu, o Sterblicher! Glück zu! Glück zu! Glück zu!

konnten ihm von Nutzen sein bei der· späteren Umarbeitung, in welcher ihm gerade diese Verse so ausnehmend zierlich geriethen; besonders ist der sechsfache Reim sehr glücklich angebracht.

Wir sehen, Bürgers Mitarbeit erstreckte sich nur auf einen geringen Theil des Werkes; aber sie bestimmte die künstlerischen Grundsätze, nach denen das Ganze ausgearbeitet ward. Wenn Schlegel in dem oben erwähnten Briefe an Schiller erzählt: „Schon vor vielen Jahren unternahm ich einmal den Sommernachtstraum, worin Bürger auch einige der Lieder und gereimten Scenen gemacht" — so können wir jetzt das wirkliche Sachverhältniß in folgender Weise bezeichnen: Als beide sich zur Uebersetzung des Sommernachtstraumes vereinigt hatten, bearbeitete Bürger manche der ihm besonders zusagenden Stellen, und gab damit dem jüngeren Freunde das Muster, welchem dieser in der Ausführung des Ganzen sich anschloß.

Druck von J. B. Hirschfeld in Leipzig.